イノベーションを生み出すチームの作り方

成功するリーダーが「コンパッション」を取り入れる理由

伊達洋駆
Date Yoku

すばる舎

はじめに

イノベーションは、現代のビジネスに欠かせない要素です。アイデアを生み出し、それを形にして変化をもたらします。大企業からスタートアップまで、イノベーションの重要性を認識し、多くの企業が挑戦しています。

実際、過去数十年で、イノベーションが世界を変えてきました。スマートフォン、電気自動車、ソーシャルメディア…。これらすべてが、誰かの革新的なアイデアから生まれたのです。

しかし、現実は厳しいものです。多くのアイデアは、実現までたどり着くことができません。なぜ、これほど多くのイノベーションの試みがうまくいかないのでしょうか。

アイデアを思いつくことは、イノベーションの一部にすぎません。難しいのは、そのアイデアを実現する過程です。組織の慣性やリソースの限界、市場の不確実性、人々の抵抗など、さまざまな障害が立ちはだかります。これらを乗り越えてアイデアを実現するのは、非常に難しいことです。

多くの人が、その中で挫折します。批判や失敗に直面し、自信を失い、諦めてしまいます。そして、素晴らしいアイデアは日の目を見ないまま消えていき、たくさんの潜在的なイノベーションが失われています。

では、イノベーションを成功させる秘訣は何でしょうか。

創造性、戦略的思考、リーダーシップ…。これらは確かに重要ですが、本書が注目するのは**「コンパッション」**です。

コンパッションは、一般的には「思いやり」と訳されますが、これが**イノベーションの成功に大きな役割を果たす**と言ったら驚かれるかもしれません。

「イノベーションにはタフさが必要だ」
「思いやりは甘えではないか」
「ビジネスに感情は不要だ」

…といった声が聞こえてきそうです。実際、多くのビジネス書や成功者の体験談において、「イノベーションには『強さ』や『タフさ』が必要」だと、直接的にも間接的にも説かれています。批判に耐え、失敗を恐れず、不確実性に立ち向かう勇気。もちろん、これらは重要です。

しかし、研究によると、コンパッションこそ、こうした要素を生む原動力になることがわかっています。

コンパッション、特に**自分自身への思いやり（セルフ・コンパッション）は、イノベーションの過程で直面する、幾多の困難を乗り越える力を与えてくれます。**

批判を受け止め、学びの機会に変える。失敗しても自分を責めず、その経験から学び、前進する。コンパッションがあれば、不確実性の中でも、自信を持って取り組み続けることができます。

コンパッションは、単なる「優しさ」ではありません。それは、イノベーションの長い道のりを歩み続けるための精神力の源なのです。

例えば、セルフ・コンパッションが高い人は、失敗後に建設的な行動を取ることが実証されています。

イノベーションの過程において失敗は避けられませんが、その失敗をどう受け止めるかが重要です。**セルフ・コンパッションが高い人は、失敗を自分の価値と結びつけず、学びの機会として捉えます。**

セルフ・コンパッションがストレス耐性を高めることも明らかになっています。イノベーションの過程には高いストレス負荷が伴いますが、セルフ・コンパッションはストレスにうまく対応できるようにし、長期的な取り組みを可能にします。

また、コンパッションは創造性を促進します。自己批判や恐れから解放されることで、自由にアイデアを探索し、斬新な発想を生み出すことができます。

コンパッションは、他者との関係性にも良い影響を与えます。イノベーションは多くの場合、チームで取り組むプロジェクトです。コンパッションを持つことで、チームメンバーの感情や立場を理解し、協力的な関係を築くことができます。

本書は、コンパッションの力に注目し、それがいかにイノベーションの実現を助けるかを探求します。研究知見と実践的なアプローチを組み合わせ、読者の皆さんにコンパッションという新しい武器を提供します。

本書を読んでいただくことで、次のようなことを発見できるでしょう。

- 批判や失敗を「成長の機会」として捉えられるようになる
- ストレスフルな状況でも、冷静さと創造性を保つことができるようになる
- 長期的な視点を持ち、イノベーションを推進できるようになる
- 自分自身と他者に対する理解が深まり、効果的なチームワークを築けるようになる
- イノベーションの過程そのものを、充実した体験に変えられる

本書では、コンパッションの効力を理論と実践の両面から解説します。皆さん自身がコンパッションを高め、それをイノベーションの武器として活用するための方法も紹介します。コンパッションを高める方法は、科学的に効果が確認されており、ビジネスの現場で実践できます。

本書の目的は、皆さんの中に眠るイノベーターの可能性を目覚めさせることです。

多くの人々が、素晴らしいアイデアを持ちながら、それを実現する勇気を持てずにいます。批判や失敗、不確実性を恐れ、それらがイノベーションの芽を摘んでしまっています。

本書は、その恐れを乗り越える力を提供することを目指します。「コンパッション」という視点を持つことで、自信を持ってイノベーションに挑戦できるようになるでしょう。批判を学びの機会と理解し、失敗は成長のステップと捉え、不確実性を可能性の源泉と考えることができるようになります。

そして何より、イノベーションの過程そのものを、苦しみではなく、喜びとして体験できるようになります。

イノベーションは難しい挑戦ですが、それは同時に私たちにとって素晴らしい機会でもあります。新しいものを生み出し、世界を少しでも良くする。その過程で、自分自身も成長し、充実した人生を送る。その機会を、恐れのために逃すのはもったいないことです。

コンパッションを持つことで、イノベーションの困難な道を、自信を持って、楽しみながら進むことができるでしょう。その先には、皆さんのアイデアが実現した世界が待っています。

目次

第1章

イノベーションを生み出す難しさ

第2章

セルフ・コンパッションがイノベーションに効く

第3章

コンパッションはイノベーションにどう効果的なのか

第4章

コンパッションを高める具体的な方法

第1章

イノベーションを生み出す難しさ

イノベーションのプロセス

イノベーション――この言葉を聞いて、多くの人は画期的な発明や、斬新なアイデアを思い浮かべるでしょう。確かに、新しい発想はイノベーションの出発点です。しかし、イノベーションは、アイデアを思いつくだけでは達成できません。それは、「構想を生み出し、周囲の賛同を得て、具体的な形にする」という一連のプロセスを経て、初めて実現するものだからです。

イノベーションのプロセスは、「**生成**」「**推進**」「**実現**」という三つの段階に分けられます。[*1] 各段階には固有の課題があり、それぞれに異なる困難が待ち受けています。

特に注目すべきは、アイデアの**推進**と**実現**の段階です。これらは多くの組織が直面する難関であり、イノベーションの成否を左右する局面となります。

生成：アイデアを生み出す

まず、アイデア生成の段階です。この段階では、新しい発想を生み出すことが求められます。例えば、あるＩＴ企業で「テレワークに対応した人材評価システムを開発したい」という課題が出されたとします。社員からは「ＡＩを活用した評価システム」「リアルタイムフィードバックのツール」「ウェルビーイングを測定するアプリ」などのアイデアが挙がるかもしれません。

アイデア生成の段階では自由な発想が不可欠です。突飛なアイデアでも、遠慮なく提案できる環境が重要ですが、多くの企業では「変わったことを言って笑われたくない」「否定されたら恥ずかしい」といった心理的障壁が存在し、自由な発想を妨げています。結果として、革新的なアイデアが生まれにくい状況に陥ってしまうこともあります。

推進：アイデアへの賛同を集める

次に、アイデア推進の段階に進みます。ここでは、生み出されたアイデアの中から有望なものを選び、組織の中で支持を集めていきます。

先ほどの例で、「ＡＩを活用した評価システム」というアイデアが選ばれたとしましょう。アイデアを実現するには、開発部門だけでなく、マーケティング部門や財務部門など、さまざまな部署の協力が不可欠です。

そのために、アイデアの提案者は価値を説明し、関係者に理解を求めることになります。「このシステムがあれば、企業の生産性向上と従業員満足度の両立が可能」「既存のＡＩ技術を応用できるので、開発コストを抑えられる」など、提案したアイデアの魅力を説明します。

しかし、この「アイデア推進」の段階で行き詰まることが少なくありません。例えば、せっかくのアイデアが、「前例がない」「リスクが高すぎる」といった理由で却下されることがあります。また、自分のアイデアをうまく説明できず、周囲の関心を得られないこともあるかもしれません。保守的な社内文化や、リスクを避けようとする傾向が、アイデアの推進を妨げてしまうこともあります。

実現：アイデアを形にしてリリースする

最後に、アイデア実現の段階です。ここでは、一定の支持を得たアイデアを形にしていきます。先ほどの例では、ＡＩを活用した評価システムのプロトタイプを作り、アルゴリズムの精度を向上させ、ユーザー・インターフェースをデザインして、セキュリティ対策を施さなければなりません。

この段階では、さまざまな部門が協力して動く必要があります。しかし、部門間の連携がうまくいかないことも、しばしば見られます。

予算や時間の制約、技術的な問題など、さまざまな障害に直面することも珍しくありません。アイデアを実現する過程で、当初の革新性が薄れていき、平凡なシステムになるといった事態も起こり得ます。

イノベーションを成立させるには、これら三つの段階を乗り越えなければなりません。しかし、多くのアイデアが、この全工程を完遂することなく、立ち消えになります。

イノベーションはアイデアを思いつくことだけに限定されるわけではありません。アイデアを生み出し、支持を得て、形にする。どの段階も重要です。

とりわけ、アイデア生成は得意でも、そのアイデアを推進し、実現する段階で苦戦している企業が多く見受けられます。研究開発のリソースが豊富なのに、新しい製品やサービスを生み出せないケースです。これは、アイデア推進や実現の段階を乗り越えられていないことを示しています。

もちろん、アイデア生成の段階にも課題はあります。例えば、「突拍子もないことを提案して恥をかく」「出る杭は打たれる」というような雰囲気や組織内の風潮が、斬新なアイデアの創出を妨げている可能性もあります。また、失敗を恐れる企業風土も、アイデアの芽を摘んでしまうことがあります。

反対・否定・ダメ出し・無視などの抵抗が次々に襲いかかる

イノベーションは、アイデアを思いつくだけでは達成できません。そのプロセスは、前述したように、三つの段階に分かれています。

- **生成**：新しいアイデアを生み出す
- **推進**：生まれたアイデアの価値を説明し、支持を集める
- **実現**：アイデアを形にしてリリースする

この3段階のうち、特にアイデアの「推進」と「実現」のプロセスは大きな困難を伴います。新しいアイデアを提案すると、組織内からの反対、否定、ダメ出し、さらには無視など、さまざまな反応に直面します。

あるＩＴ企業で、顧客サービス部門の社員が、ＡＩを活用したカスタマーサポートシス

テムの導入を提案しました。社員は、このシステムが顧客満足度を向上させ、同時にコスト削減にもつながると確信していました。

しかし、周囲にアイデアを伝えたところ、冷や水を浴びせられます。

「そんな高度なシステム、本当に必要なのか」

「人間による対応のほうが、温かみがある」

「導入コストが高すぎる」

「顧客の個人情報をＡＩに扱わせるのは危険」

「今の業務改善に集中すべきだ」

これらの声は社員の心を傷つけました。「せっかく会社のために考えたアイデアが、こんなにも否定されるなんて…」。この経験は、社員の熱意を削いでいきます。

「自分のアイデアはダメなのかも…」

「こんなに反対されるなら、諦めたほうがいいのかもしれない」

「次からは、余計なことを言わないようにしよう」

こうした思いが、発案者を蝕《むしば》んでいきます。ところがこれは、ごくありふれた現象です。

組織は長年の経験を通じて、効率的に機能するための「ルーチン」を確立しています。

このルーチンに反する提案は、たとえ良いアイデアでも排除する力が働くのです。

新しい方法を提案すると、次のような反応に遭遇することがよくあります。皆さんも目撃したことはないでしょうか。

・「前例がない」という指摘
・「うまくいかなかったらどうするのか」という懸念
・説明を尽くしても、なかなか理解を得られない
・会議の場で、それとなくスルーされる

アイデアが革新的であればあるほど、組織からの抵抗は強くなります。既存の枠組みから外れるアイデアほど、組織のルーチンを揺るがすからです。つまり、革新的なアイデアであればあるほど、実現への道のりは険しくなるのです。

例えば、社員がドローンを使った配送システムを提案したとします。しかし、その斬新さゆえに、猛烈な反対に遭うかもしれません。

「法規制の問題」「安全性への懸念」「既存のインフラ投資が無駄になる」など、矢継ぎ早

に反対意見が飛んでくると、アイデアを進める意欲を失ってしまいます。

このような状況が続くと、精神的ストレスに見舞われます。自分の能力を疑い始め、アイデアを出すこと自体を恐れるようになるかもしれません。「どうせ否定されるなら、最初から何も言わないほうがいい」という無力感を覚えるのです。

厄介なのは、この「反対の嵐」が一過性のものではない点です。アイデアの推進段階から実現段階に移行しても、新たな形で反対や障害が現れます。

プロジェクトの予算が突然削減されたり、キーとなる人物が異動になったり、競合他社に先を越されたり……。あたかも、組織全体がイノベーションを拒んでいるかのように感じられるほどです。

例えば、「やっと経営陣を説得して開発の許可を得たと思ったら、今度は予算の壁にぶつかった」「ようやくプロトタイプが完成に近づいた頃、『市場のニーズが変わった』という理由でプロジェクトの方向性に疑問の声が出てきた」などの事態も起こったりします。

このような経験を重ねると疲労感に襲われ、「いくら頑張っても、結局、何も変わらないのではないか」という思いが広がっていきます。

その感覚が組織全体に共有されたら危険です。アイデアを出しても「どうせ実現しない」という諦めムードが蔓延すれば、組織の創造性は失われます。

イノベーションの道のりがこんなにも過酷だということを理解している人は、どれほどいるでしょうか。華々しい成功事例が注目されがちですが、その裏には数え切れないほどの挫折と苦悩の物語が隠れているのです。

アイデアの推進と実現のプロセスは茨の道です。反対、否定、ダメ出し、無視の中を、傷つきながらも、前に進み続けなければなりません。それは心身ともに消耗する旅路なのです。

アイデアが創造的でも実現は難しい

イノベーションを実現するためにはアイデアを生み出すことが重要ですが、アイデアを思いつくことと、それを実際に形にすることは別の話です。多くの企業がアイデアを実現するのに苦戦しています。非常に創造的なアイデアだからといって、必ずしも実現されるわけではありません。逆に、創造性の低いアイデアだと成果は上がりにくいでしょう。

この「アイデアの創造性をめぐる現象」について、スロベニアのリュブリャナ大学のスケルラヴァイらの研究チームが興味深い発見をしています。[*2]

アイデアの創造性と実現の関係は逆U字型

スケルラヴァイらは、スロベニアの製造業で働く165名の従業員と、その直属の上司24名を対象に調査を行っています。従業員が生み出した創造的なアイデアと実現状況を上

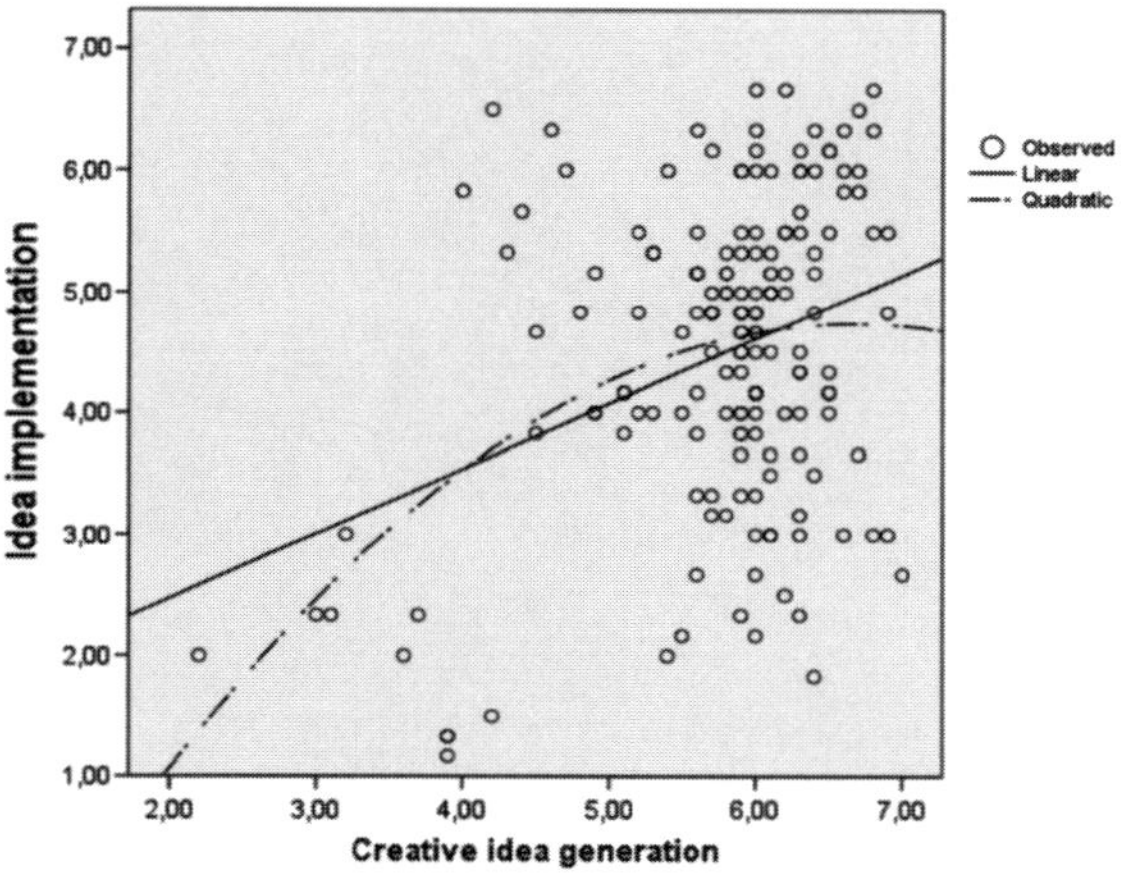

図1:（出典＊2） Fig. 1. Study 1: curvilinear relationship between idea generation (frequency of generating creative ideas) and implementation.

司に評価してもらいました。その結果、アイデアの創造性と実現の関係は逆U字型（山型）になることがわかりました。中程度の創造性を持つアイデアが最も実現されやすく、創造性が低すぎても高すぎても、実現が難しくなるのです（図1）。

わかりやすいように、架空の例を考えてみましょう。ある家電メーカーで新商品のアイデアを募集したとします。「既存の掃除機の色を変える」というアイデアは創造性が低く、わざわざ実現する価値がないと判断されるかもしれません。逆に、「重力を操作して埃を浮かせる掃除機」といったアイデアは、技術的な困難や市場の受け入れの問題から実現が難しいと判断されます。

創造性の低いアイデアが実現されにくい理由

創造性の低いアイデアが実現されにくい理由としては、次のものが考えられます。

- 価値をイメージしにくいため、組織からの支持を得にくい
- 創造性の低いアイデアを出す人は、実現の意欲も低い
- 創造性の低いアイデアは既存の製品やサービスとの差別化が難しく、市場での競争力を持ちにくい

例えば、「掃除機の色を変える」というアイデアを出した社員がいたとしても、このアイデアは創造性が低く、実現しても大きな価値を生み出せません。また、単純なアイデアは、競合他社との差別化にもつながりにくいでしょう。

創造性の高いアイデアが実現されにくい理由

かといって、創造性が高い場合も実現は難しくなります。この現象は、イノベーションの本質的な難しさを表していると言えます。

例えば、次のような理由で高い創造性のアイデアを生成しても、実現は難しくなります。

- **技術的な実現可能性の低さ**：創造的なアイデアは、現在の技術では実現が難しいことがあります。例えば、「重力を操作して埃を浮かせる掃除機」というアイデアは、技術的な課題が山積です。
- **市場ニーズとの乖離**：斬新なアイデアは、既存の市場ニーズと離れていることがあります。例えば、「脳波で操作する家電」というアイデアは創造的かもしれませんが、一般消費者のニーズに合うかどうかは不透明です。
- **組織の抵抗**：創造性の高いアイデアは、組織内で理解されにくく、抵抗に遭いやすいものです。例えば、生産管理に注力してきた企業にとって、「完全な無人工場」というアイデアは、社内のさまざまな部門からの強い反発が予想されます。

・**リスクの高さ**：革新的なアイデアほど、成功の不確実性が高くなります。多くの企業は、高リスクのプロジェクトに躊躇《ちゅうちょ》します。

・**リソースの問題**：創造性の高いアイデアは、その実現に多くの時間とコストがかかることも珍しくありません。膨大な研究開発費が必要となると、実行をためらいがちです。

既存の前提を覆すイノベーションの難しさ

スケルラヴァイイらの研究結果は、既存の前提を覆すようなイノベーションがなぜ難しいのかを示しています。組織には既存の製品やサービスを維持しようとする力が働きます。これは「**組織の慣性**」と呼ばれ、革新的なアイデアの実現を妨げる要因となります。

例えば、ガソリン車を主力製品とする自動車メーカーが、電気自動車にシフトするのは容易ではありません。既存の設備や技術、そして社員のスキルセットが、変革の障害となります。

また、多くの組織はリスク回避的な傾向があります。失敗を恐れるあまり、リスクの高いアイデアを避けがちで、「失敗したらどうするのか」といった声が、チャレンジを妨げてしまいます。

さらに、企業は短期的な利益を求めます。破壊的なイノベーションには「長期的な視点」が必要ですが、四半期ごとの業績を重視する風潮の中では軽視されがちです。スケルラヴァイらの研究は、このジレンマを実証したと言えるでしょう。

中程度の創造性を持つアイデアが最も実現されやすいという結果は、多くの企業が漸進的なイノベーションに留まりがちな理由を説明しています。

ここで注意すべきは、**この研究結果が破壊的なイノベーションの価値を否定しているわけではない**ということです。**破壊的なイノベーションの実現がいかに困難で、特別な努力が必要かを示している**のです。

イノベーションを実現するには、アイデアを生み出すだけでなく、組織全体でそのアイデアを育て、実現に向けて取り組む必要があります。それは容易なことではありませんが、変革を望む企業にとっては避けて通れない道です。

アイデアを生み出す人は孤立しがち

イノベーションにはアイデアが不可欠ですが、アイデアを生み出す人が必ずしも、その実現に適しているとは限りません。むしろ、創造的な人は組織内で孤立しがちで、これがアイデアの実現を難しくする要因となります。

中国・浙江工業大学のチョウらの研究チームは、創造的な従業員が孤立感を覚えやすいことを見出しました。[*3] 研究では、中国の59の企業から311名の従業員を対象に、二段階の調査を実施しています。

第一段階では、「従業員の創造性やネットワーキング能力」「他者との調和を重視する傾向」について調査しました。第二段階では、「孤立感に関するデータ」を収集しました。

調査の結果、**創造性の高い従業員ほど、孤立感を抱きやすい**ことが明らかになりました。アイデアを生み出す能力が高い人ほど、周囲の人々との間に心理的な距離を感じるのです。

なぜ創造的な人は孤立感を覚えやすいのか

創造的な従業員が孤立感を持ちやすい理由は、主に次の3点です。

- **自己主張の強さ**：創造的な人は、自分のアイデアに自信を持ちます。これによって他者の意見を受け入れにくくなり、周囲との軋轢《あつれき》が生まれることがあります。
- **独自の行動様式**：創造的な人は、既存の規範や慣習にとらわれない行動を取りがちです。この型破りな態度が、周囲の人々には理解されにくく、時に反感を買うこともあります。
- **変革志向**：創造的な人は新しいものを求め、変化を好みます。一方で、多くの人は安定や現状維持を好むため、この価値観の違いが溝を作ります。

例えば、ある広告代理店で働くクリエイティブディレクターが、業界の常識を覆す企画を立案しました。しかし、営業部門や顧客企業はリスクを避けたいという思いから、その提案に難色を示します。このような経験を重ねるうちに、自分のアイデアが理解されないもどかしさを感じ、孤立感を深めていく可能性があります。

ネットワーキング能力と調和向上動機の重要性

チョウらの研究では、**創造的な従業員の孤立感を緩和する要因**も明らかになっています。それは、**ネットワーキング能力**と**調和向上動機**です。

ネットワーキング能力が高い創造的な従業員は、孤立感を覚えにくいことがわかりました。人間関係を築き、維持する能力が、創造的なアイデアの受け入れを促進するからです。多様なネットワークを持つことで自分のアイデアを広く共有し、支持を得やすくなります。

調和向上動機が強い創造的な従業員も、孤立感を感じにくい傾向にあります。調和向上動機とは、他者との意見の対立や不一致を解決しようとする姿勢です。この姿勢は、高い質の人間関係の構築につながり、創造的なアイデアの実現を後押しします。

例えば、先ほどのクリエイティブディレクターが、営業部門や顧客企業とコミュニケーションを取り、彼ら彼女らの懸念を理解した上で、自分のアイデアを修正していく姿勢を持っていたとします。このような行動は、アイデアが受け入れられる可能性を高めるだけでなく、組織内での信頼関係の構築にもつながります。

イノベーション実現の障壁

ここまでに挙げた研究結果は、多くの組織でイノベーションの実現が難しい理由を示しています。

創造的なアイデアを生み出す人と、それを実現に導く人の間には、心理的な溝が存在するのです。創造的な従業員が孤立感を覚えることで、そのアイデアが組織内で共有されず、実現に向けた協力を得にくくなります。

そうして、優れたアイデアが埋もれてしまったり、実現の過程で革新性が失われたりします。

創造性の高いアイデアは嫉妬、排除される

創造的な従業員が直面する問題は、孤立だけではありません。さらに深刻な事態が待ち受けています。それは、同僚からの嫉妬と排除です。

米国のジョージア工科大学のブレイデンサルらの研究チームは、この問題を明らかにしています。[*4] 中国のハイテク製造企業に勤務するエンジニアを対象に、三回データを収集しました。この調査では、従業員の創造性、上司との関係、同僚との関係、同僚からの嫉妬や排斥の程度を測定しています。

分析の結果、驚くべき事実が明らかになりました。**チーム内で創造性が高い従業員ほど、同僚から嫉妬されやすく、その結果として排斥されるリスクが高まっていた**のです。

この結果を理解するために、ある電機メーカーで働く従業員を想像してみましょう。

ある従業員はいつも新しい提案を行い、製品開発チームで「アイデアパーソン」として知られています。その発想力は上司からも評価され、重要なプロジェクトを任されること

が多くなりました。

しかし、この従業員の周囲では、居心地の悪い雰囲気が漂い始めます。同僚たちはこの従業員を避けるようになり、昼食時に声をかけなくなりました。会議の場でも、この従業員の意見が無視されることが増えてきました。

ブレイデンサルらの研究結果をもとにすれば、このような状況が社内で生じ得るのです。それにしても、なぜ起こるのでしょうか。

- 創造的な従業員がいると、他の従業員は自分の地位や評価が脅かされるように感じます。「自分よりも優れた人がいる」という認識が、嫉妬心を生み出します。
- 創造的な従業員は、上司から多くの注目や支援を受けます。これが同僚に「不公平だ」という感情を抱かせます。
- 他人の創造性が高いと、自分の能力の低さが際立って感じられることがあります。これが自己肯定感を傷つけ、防衛反応として嫉妬や排斥行動につながってしまいます。

研究では、「上司との関係性」と「同僚との関係性」が、創造性と嫉妬・排斥の関連に作用することも明らかになりました。上司との関係が良好な従業員が高い創造性を示すと、同僚からの嫉妬がより強くなります。上司からの支援や資源を独占しているように見えるためです。前述の例で言えば、上司から重要なプロジェクトを任されることで、他の同僚の反感を買っていたと考えられます。

一方で、同僚との関係が良好でない従業員が高い創造性を示すと、やはり嫉妬の対象になりやすいことがわかりました。「チームの和を乱している」という認識につながるからです。

前述の従業員の場合、もし同僚とうまくコミュニケーションを取れていなかったとすれば、その点も嫉妬や排斥を招く原因になっていたかもしれません。これは、創造性の高い従業員が職場で直面する困難を浮き彫りにした背筋の凍る研究です。

アイデアを生み出す能力は組織にとって重要です。しかし、その能力ゆえに個人が苦境に立たされるというのは大きな矛盾と言えるでしょう。

もちろん、このような状況は、個人にとっても、組織にとっても、望ましくありません。創造的な個人が自身の能力を発揮できず、組織としてもイノベーションの機会を逃してしまいます。しかし、組織の中でこうした現象は頻繁に起きる可能性があります。

さらに深刻なのは、このような経験を重ねた従業員が、アイデアを提案することを躊躇《ちゅうちょ》するようになることです。「どうせ理解されない」「また嫌われるだけだ」という恐れや諦めが、組織の創造性を低下させます。

アイデアを生み出す行為は尊いものです。しかし、それが必ずしも周囲から歓迎されるわけではありません。むしろ、嫉妬や排斥という形で跳ね返ってくることすらあります。この現実を直視することが、イノベーションを目指す組織には求められています。

マネジャーはアイデアの成功を見極められない

イノベーションの実現を阻む要因は個人レベルにとどまりません。組織全体のイノベーション能力に影響を与える問題もあります。その一つが、アイデアを評価する立場にあるマネジャーの判断力の問題です。

イノベーションを実現するには、新しい構想を生み出すだけでなく、その発案が成功するかどうかを予測することが重要です。しかし、多くの組織でアイデアの予測を担当するマネジャーが、実際にはアイデアの成功を見極められていない可能性があることが明らかになっています。

スタンフォード大学のバーグの研究は、組織におけるアイデア評価の現実を浮き彫りにしています。[*5] 研究では、アイデアの成功を予測する能力、いわゆる「**クリエイティブ・フォーキャスティング**」に焦点を当てています。

バーグは、サーカス業界を対象としたフィールド・スタディと、消費者製品に関する実験の二つの方法で研究を行いました。フィールド・スタディでは、339名のサーカス業界の専門家が新しいサーカス演目の成功を予測し、その正確さを13248名の観客の評価と比較しました。

実験では、206名の大学生を五つのグループに分け、新しい消費者製品の成功可能性を予測させます。「クリエイター」グループには新製品のアイデアを三つ考えてもらい、「マネジャー」グループにはアイデアを評価する基準を三つ作成してもらいました。

また、両方の役割を順番に体験するグループや、特別なタスクを与えないコントロール・グループも設けました。

そして、参加者には他者が提案した新製品のアイデアを評価してもらい、その成功可能性を予測させました。その後、消費者パネルに、それらの製品アイデアを評価してもらい、予測の正確さを検証しました。

研究の結果ですが、**アイデアを生み出す人（クリエイター）のほうが、アイデアを評価するマネジャーよりも、他者のアイデアの成功を正確に予測できる**ことがわかりました。

他方で、**クリエイターは自分自身のアイデアの成功を予測する際には、むしろマネジャーよりも不正確である**ことも見えてきました。これは、**創造的な人々が自分のアイデアに対して楽観的になる傾向がある**ことを示しています。

こうした結果が得られた理由として、バーグは三つの要因を指摘しています。

第一に、アイデア生成者とマネジャーの**思考プロセスの違い**があります。アイデア生成者は**発散的思考**（多様なアイデアを生み出す思考）と**収束的思考**（アイデアを評価し絞り込む思考）の両方を行います。一方、マネジャーは主に収束的思考に依存しています。

この違いにより、アイデア生成者はアイデアの新規性や多様性を深く理解し、その潜在的な価値を見抜くことができます。対照的に、マネジャーは既存の基準や過去の成功例に基づいて判断するため、アイデアの価値を見逃してしまうのです。

第二に、**組織の慣性とリスク回避傾向**があります。マネジャーは組織の既存製品やサービスを維持しようとする力に影響されやすく、また失敗を恐れてリスクの高いアイデアを避けがちです。これにより、斬新なアイデアが採用されにくくなります。

第三に、**過去の成功体験の影響**があります。研究によると、過去に質の低いアイデアが成功した経験を持つアイデア生成者は、他者のアイデアの成功可能性を予測する精度が低下することがわかりました。この経験により、その人は「アイデアの質」と「市場での成功」の関係を誤って理解し、他のアイデアの評価も歪んでしまいます。

これらの発見は、大きな意味を持ちます。多くの組織では、マネジャーがアイデアの評価や選択に権限を持っています。しかし、マネジャーの判断が必ずしも正確ではないという事実は、イノベーション推進の障壁となりかねません。

優れたアイデアがマネジャーの判断によって棄却されたり、逆に成功の見込みの低いアイデアに資源が投入されたりする可能性があります。

さらに、マネジャーの判断に依存するシステムは、アイデア生成者のモチベーションを低下させる危険性もあります。

イノベーションを成功させるためには、アイデアを生み出すことだけでなく、そのアイデアの価値を見極め、育てていくことが重要です。バーグの研究は、多くの企業がイノベーション推進に苦戦している理由の一端を表しています。

同僚からの支持がなければ、アイデアは評価されない

マネジャーがアイデアの成功を予測できないという問題は、イノベーションの実現を難しくする一因です。しかし、**アイデアの評価プロセスには、もう一つの要素があります。それは、同僚からの支持**です。

カナダのブリクマンとレイバーは、従業員のアイデアがどのようにマネジャーに評価され、採用されるかを調べました。[*6] 研究は、五つの異なる業界（ヘルスケア、小売、運輸など）の企業から集めた5160件のアイデアメッセージを分析したものです。

研究者たちは、企業のアイデア管理プラットフォームに投稿されたメッセージを調査し

ました。プラットフォームでは、従業員がアイデアを投稿し、同僚が「いいね」や「反対」を投じることができます。そして、マネジャーがそのアイデアを採用するかどうかを決定します。研究の結果、次のような発見がありました。

- 同僚からの支持が多いアイデアはマネジャーに採用されやすい
- 同僚からの反対が少ない場合、支持されたアイデアがマネジャーに採用される可能性が高まる

新たな提案の評価と採用のプロセスにおいて、同僚の役割が重要であることを示す結果です。では、なぜ同僚からの支持が重要なのでしょうか。

「**精緻化見込みモデル**」がその理由を理解する助けとなります。このモデルは、人々が情報を処理する際に二つの経路があることを前提にします。

- **中心ルート**：情報を慎重に分析し、論理的に考える方法
- **周辺ルート**：簡単な手がかりや経験則を使って判断する方法

アイデアの評価において、多忙なマネジャーはしばしば周辺ルートを使用します。マネジャーは同僚からの支持（「いいね」の数）を重要な手がかりとして利用し、アイデアの価値を素早く判断します。

マネジャーは同僚からの支持を経験則として利用し、意思決定を簡略化します。同僚からの支持が多いアイデアは、組織内での受け入れがスムーズで、実行時の摩擦が少ないため、リスクを最小化できるという考えもあるのでしょう。

アイデアを生み出すこと自体も大変ですが、そのアイデアの価値を判断することはさらに難しいものです。そのため、多くの人は他者の評価を頼りにします。特にマネジャーは、同僚からの支持を一種の「社会的証明」として利用し、アイデアの価値を判断しています。つまり、「みんなが良いと思うアイデア」は採用されやすいのです。

しかし、この傾向はイノベーションを目指す組織にとって課題を提示しているとも言えます。なぜなら、革新的なアイデアはしばしば既存の枠組みを超えるものであり、多くの人々から即座に支持を得られるとは限らないからです。

現状維持を望む多くの人々は、革新的なアイデアを評価しない、あるいは否定的に評価する可能性があります。そのため、**革新的なアイデアほど、同僚からの支持を得にくく、**

結果としてマネジャーに採用されにくくなります。

その意味で、この研究は組織内で革新的なアイデアが評価され、採用されることの難しさを示しています。さらに、アイデアの提案者が直面する困難も浮き彫りにしています。**質の高いアイデアを生み出すだけでなく、同僚からの支持を得るためのコミュニケーションも求められる**のです。

アイデアを生み出すことも大変ですが、そのアイデアを実現に導くことはさらに困難です。同僚からの支持がアイデアの評価と採用に影響を与えるという事実は、イノベーションの実現がいかに挑戦的なプロセスであるかを示しています。

上を目指すマネジャーは部下より上司のアイデアを重視

組織内でのアイデア評価と採用のプロセスには、予想外の障壁が潜んでいます。オランダのシーボムらは、マネジャーのアイデア評価傾向に関する発見をしました。[*7] マネジャーの目標が部下や上司から提案されたアイデアの評価にどのような影響を与えるかを調査しています。

研究チームは、二つの方法で調査を行いました。

一つ目は、189名の実際のマネジャーを対象としたシナリオベースの調査です。マネジャーの目標を測定し、部下または上司からアイデアが提案されるシナリオを提示して、その反応を分析しました。

二つ目は、94名のビジネススクールの学生を対象とした実験です。ここでは、参加者にマネジャーの役割を与え、目標と提案者の立場（部下か上司か）を操作しました。そして、創造的なアイデアを採用する意図を測定します。

研究の結果、**パフォーマンス目標＝他者との比較や競争を通じて自分の優秀さを示そうとするマネジャーは、部下のアイデアよりも上司のアイデアを重視**しました。

ある製造業の中間管理職を想像してみましょう。常に自分の成果をアピールし、昇進を目指しているマネジャーです。

ある日、部下から生産ラインの改善案が提出されました。同じ頃、上司から別の提案がありました。この管理職は、上司の提案をより真剣に検討し、採用しようとするのです。

パフォーマンス目標を持つマネジャーが上司のアイデアを重視する理由は何でしょうか。

次の三つの理由が考えられます。

- 上司の提案を採用することで上司の期待に応え、自分の能力を証明できると考えるため
- 部下の提案を受け入れることは自分の立場や能力が疑われるリスクがあると感じるため
- 上司のアイデアを支持することで、将来の昇進や評価にプラスの影響があると期待するため

このような傾向は、組織のイノベーションプロセスに影響を与えます。

革新的なアイデアは現場の従業員から生まれることが多いでしょう。日々の業務の中で、改善の機会を見出しやすい立場にあるからです。しかし、マネジャーがアイデアを評価し採用しなければ、組織はイノベーションの機会を逃してしまいます。

部下にとっても災難です。良いアイデアを思いついても、上司が相手にしてくれないかもしれません。これでは、アイデアを出そうという意欲が低下します。また、アイデアを出した後、それを実現しようという気持ちも薄れてしまいます。

画期的な新製品のアイデアを提案した若手エンジニアがいたとして、上司が若手のアイデアに興味を示さず、上司から見た上級職の思いつきばかりを押し通そうとしたら、どうでしょうか。若手エンジニアは「どうせ提案しても無駄だ」と考えるようになるでしょう。

これは組織全体にとって大きな損失になります。なぜなら、組織の階層構造を考えれば、通常、マネジャーよりも部下の人数のほうが多く、多様なアイデアが生まれる可能性が高いからです。

長く働こうと思う人ほど、アイデア拒否で意欲減退

香港大学のン（Ng）らの研究チームが発見した新しい問題は、これまで議論されてきた内容をさらに複雑にします。[*8]

ンらは、香港の企業で働く321組の従業員と同僚のペアを対象に調査を行い、さらに784名の参加者を対象にシナリオベースの実験も実施しました。この包括的な研究から、

「アイデアの拒否が従業員に与える影響」についての発見があったのです。

研究によると、**アイデアの拒否が従業員の創造的自己効力感**（自分には創造的なアイデアを生み出す能力があるという自信）**を低下させる**ことがわかりました。重要なことに、**その会社に長く留まろうと考えている従業員ほど、アイデアの拒否による影響が大きい**という結果も得られました。

この結果を理解するために、ある大手金融機関のデジタル戦略部門で働く従業員の例を考えてみましょう。

この従業員は、生成ＡＩを活用した個人向け資産運用サービスのアイデアを温めていました。従来の金融アドバイザーによるサービスと、ＡＩによる自動化されたアドバイスを組み合わせることで、より多くの顧客に個別化された資産運用戦略を提供できると考えていたのです。意気揚々と部門長に提案しましたが、反応は厳しいものでした。

「確かに斬新だが、リスクが大きいのではないか」

「既存の顧客は人間のアドバイザーを信頼している。ＡＩに任せるなんて受け入れられないだろう」

「行政の承認を得るのは困難に思う。法的リスクも考慮しなければならない」

「システム開発のコストが膨大になる。今の経営状況では難しそう」

部門長は最後に「今は既存のサービスの改善に集中すべきだ。この提案は時期尚早だと思う」と締めくくりました。

従業員は落胆しましたが、諦めきれず、同僚たちの支持を得ようと試みました。しかし、多くの同僚は及び腰で、「面白いアイデアだけど、難しい」と消極的な反応を示すだけでした。この経験は、従業員の創造的自己効力感を低下させました。「自分のアイデアは的外れなのかもしれない」という疑念が芽生え始めます。

特に、提案した従業員にとって痛手だったのは、この会社で長くキャリアを積みたいと考えていたことです。「この会社で定年を迎えたい」という思いがあるため、アイデアの拒否は心理的に打撃となりました。

数か月後、全社的なイノベーションコンテストの案内がありました。しかし、この従業員は参加を躊躇《ちゅうちょ》しています。頭の中にはいくつかのアイデアが浮かんでいるのに「どうせ採用されないし、やめておいたほうが良さそうだ」という思いが提案を妨げているのです。

このケースは、ンらの研究結果が示す現象を表しています。研究では、アイデアを拒否されることで、従業員が次第にアイデアを提案するのをためらうようになることが明らかになっています。

深刻なのは、**イノベーションの重要性を強く認識している従業員ほど、アイデアの拒否による影響が大きい**点です。「この会社にはイノベーションが大事だ」と考える従業員ほど、アイデアの拒否によって意欲を失ってしまうのです。

このような状況が組織に広がると、イノベーションの停滞につながる悪循環に陥ります。特に長期雇用を前提とし、従業員の帰属意識が高い日本企業では、問題が深まる可能性があります。

アイデアを生み出すことは、イノベーションの第一歩です。そのアイデアを育て、実現に導くプロセスがイノベーションを生み出します。

ンらの研究が明らかにしたのは、イノベーションの実現がアイデアの質だけでなく、それを提案する従業員の心理状態にも影響されるという事実です。

最初からイノベーションの実現を意識してもうまくいかない

イノベーションを実現するのが難しいとわかると、「それなら最初から実現を意識して進めればいいのではないか」と考えるかもしれません。「アイデアの段階から実現可能性を重視して現実的な計画を立てる」という考え方は、一見合理的に思えます。しかし、このアプローチが必ずしも効果的でないことが明らかになっています。

ドイツのカッセル大学のロージングらの研究チームは、チームのイノベーションにおける創造性（アイデア生成）と実行（アイデア実現）のタイミングを詳しく分析しました。[*9] 76のプロジェクトチームを対象に、プロジェクトの序盤、中盤、終盤という三つの時期に分けて調査を行いました。

この研究でわかったのは、**プロジェクトの序盤で「実行」に重点を置くと、かえってイノベーションの成果が低くなる**ということです。プロジェクト開始直後、「実行」に力を入れたチームほど、最終的な成果が低くなる傾向が見られました。このような結果になる理由は三つあります。

一つ目は、**早い段階での「実行」が創造的な思考を妨げる**ことです。プロジェクト開始直後から実行計画に集中すると、チームメンバーが自由に考える時間が減り、アイデアが生まれる機会が失われてしまいます。

二つ目は、**早い段階での「実行」が既存の枠組みに固執させる**ことです。既存の製品やサービスの改良に焦点を当てることで、新しいカテゴリーを生み出すような発想が出にくくなります。

三つ目は、**早い段階での「実行」がチームの柔軟性を低下させる**ことです。プロジェクト開始直後から実行を意識すると、その後の状況変化や新たな発見に対応しにくくなります。

ロージングらの研究では、**プロジェクトの初期段階で創造性に重点を置いたチームほど、最終的な成果が高くなる**ことが示されました。プロジェクトの最初は自由な発想とアイデアの探求に時間を割くことが重要なのです。

では、実行はいつ行うべきなのでしょうか。研究結果によると、プロジェクトが進行するにつれて実行を増やすことが成果にプラスの影響を与えることがわかりました。**最初は創造性に重きを置き、徐々に実行にシフトしていくアプローチが効果的**です。

最初から実現を意識しすぎると、かえってイノベーションの芽を摘んでしまいかねません。しかし、完全に実現を無視して、いつまでもアイデア生成に没頭していても仕方ありません。

イノベーションの実現には困難が伴います。アイデアを生み出し、それを具体化していく過程には、不確実性と抵抗があります。既存の枠組みや慣れた方法を超えようとする試みは、必然的に摩擦や障害を生み出します。

例えば、ある企業の人事部門がＡＩを活用した配置システムのプロジェクトを立ち上げたとします。プロジェクトリーダーは最初の会議で、「このシステムが実現すれば、従業員の潜在能力を引き出し、適材適所の配置が可能になります」と熱心に話します。

しかし、プロジェクトが進むにつれ、さまざまな困難が出てきます。技術部門からは「ＡＩの判断基準の設定が難しい」という指摘が、法務部門からは「個人情報保護の観点から問題がある」という懸念が示されます。さらに、労働組合からは「ＡＩによる異動の判断は不公平だ」という反発の声が上がります。

会議室の雰囲気が重くなる中、ベテラン人事部長がため息をついて「結局、従来の方法を改善する程度でいいんじゃないか」と言います。プロジェクトリーダーはなんとか反論しようと言葉を探します。

このような困難は、イノベーションのプロセスで避けられないものです。困難をプロセスの一部として受け入れるよりほかないでしょう。

自分のアイデアを守ろうとすると実現は遠のく

イノベーションの実現には多くの障害があることを見てきました。アイデアを生み出すことも難しいですが、それを具体化し、組織内で支持を得て、形にすることはさらに困難です。

このような状況下で、自分のアイデアを守り抜くことが重要だと考える人もいるでしょう。しかし、皮肉なことに、**アイデアを頑《かたく》なに守ろうとする態度が、かえってその実現を遠ざけてしまう**ことがわかっています。

中国の上海大学のフオらは、この問題に光を当てる調査を行いました[*10]。研究チームは、中国の北京、上海、杭州にある46の研究開発チームから359名の従業員と46名の監督者を対象に、6か月にわたる調査を実施しました。

調査では、まず従業員に対して「**領域性**」と呼ばれる態度について質問しました。領域性とは、自分のアイデアや知識を他者から守ろうとする行動のことです。

6か月後、従業員は「社会的疎外」に関する質問に答え、同時にマネジャーが各従業員の「アイデア実現度」を評価しました。

これらのデータを統計的に分析したところ、領域性が強い、つまり**自分のアイデアを守ろうとする従業員ほど、社会的に疎外される傾向があり、その結果としてアイデアの実現度が低くなるという関係が明らか**になりました。

この現象を理解するために、ある会社の設計部門で働く従業員の例を考えてみましょう。この従業員は、環境に優しい建築工法のアイデアを思いつきました。しかし、アイデアが他の人にとられたり、自分の功績として認められなくなったりすることを恐れ、詳細を同僚と共有することを躊躇《ちゅうちょ》します。会議でも、アイデアの核心部分には言及を避け、曖昧な説明に留めているのです。

このような態度は周囲の反応に影響を与えていきます。同僚たちは何か隠していると感じ、不信感を抱くようになりました。「チームのためではなく、自分の功績を作りたいだけだ」といった噂が広まります。

結果として、この従業員はチームから疎外されていきます。非公式な情報交換の場から外されるようになり、重要なミーティングに呼ばれなくなります。こうした状況では、アイデアを実現するために必要な協力を得ることが難しくなります。情報や資源が得られず、アイデアの実現に向けた進展が滞ってしまいます。

このような悲しい結果が生まれてしまう理由を説明するために、研究チームは「**社会的疎外**」という概念を取り上げています。

アイデアを守ろうとする態度が強いと、他の従業員との間に壁を作ってしまいます。情報共有が制限され、協力関係が築きにくくなります。組織内でのつながりが弱くなることで、アイデアを実現するための支援を得られなくなります。

イノベーションの実現には、多くの人々の協力が不可欠です。技術的な課題を解決するために他部門の専門家の助言が必要かもしれません。予算を獲得するためにマネジャーや経営陣の支持が必要かもしれません。市場ニーズを把握するために営業部門の協力が必要かもしれません。しかし、アイデアを守ろうとするあまり、他者との関係性を損なうと、これらの協力を得られません。

さらに研究では、この関係が組織の雰囲気によって強められたり弱められたりすることも明らかになっています。

例えば、**個人の成果を重視し、競争を奨励するような組織風土では、アイデアを守ろうとする態度がより強い社会的疎外を引き起こします。一方、協力と学習を重視する組織風土では、この関係が弱まる**ことがわかりました。

組織の雰囲気によっては、アイデアを守ろうとする態度が深刻な問題を引き起こすのです。競争が激しい環境では、アイデアを守ろうとする人は強く疎外され、結果としてアイデアの実現がさらに困難になります。

自分のアイデアを守ることに固執する人もいるかもしれません。しかし、それが行きすぎると逆効果になります。

アイデアを「実現」するためには他者との協力関係を築き、資源を獲得することが欠かせません。フオらの研究は、イノベーションのプロセスにおいて、人間関係や組織のダイナミクスも深く関わっていることを示しています。

却下されても水面下で追求し続けなければならない

アイデアを提案しても、即座に受け入れられることはほとんどありません。「面白いけど、リスクが高い」「時期が早すぎる」「今の方法で十分」などの反応に直面します。革新的なアイデアほど、組織の抵抗が強くなります。しかし、そこで諦めてしまっては、イノベーションは生まれません。

香港中文大学のリンらの研究チームは、アイデアが却下された後の行動に注目しました。[*11] 中国の二つの広告会社で働く226組のリーダーと従業員のペアを対象に、三回にわたる調査を実施しました。

調査では、上司に却下されたアイデアを従業員が水面下で追求し続ける行動、すなわち「**創造的逸脱**」に注目しています。

研究の結果、創造的逸脱に対する上司の反応が、従業員のその後の行動やパフォーマンスに影響を与えることがわかりました。

具体的には、**創造的逸脱を許容する上司のもとでは、従業員の創造的逸脱が増加する**ことがわかりました。また、**創造的逸脱に対して報酬を与える上司のもとでは、従業員のパフォーマンスが向上する**ことも示されました。

他方で、創造的逸脱を厳しく罰する上司のもとでは、従業員の創造的逸脱とパフォーマンスの両方が減少します。

アイデアが却下されても水面下で追求し続けることを組織が許容し、時には奨励することが、イノベーションを促進することになるのです。

なぜ却下されたアイデアを水面下で追求し続けることが重要なのでしょうか。ある産業機器メーカーのマーケティング部門で働く従業員の例で考えてみましょう。

この従業員は、従来の対面営業中心のB to Bマーケティング戦略を変更し、デジタルマーケティングを導入するアプローチを提案しました。顧客企業のデジタル化が進む中、オンラインでの「リード（見込み顧客）獲得」や「顧客エンゲージメントの強化」が必要だと考えたのです。しかし、上司の反応は冷ややかでした。

「われわれの業界では人間関係が重要だ。デジタル化は補助的なもので十分だ」

従業員は落胆しましたが、このアイデアの可能性を信じて諦めきれません。公式には却下されたものの、密かに試行錯誤を続けました。同僚の協力を得て、小規模なデジタルキャンペーンを試験的に実施し、データを収集していきます。

半年後、意外な発見をします。デジタルマーケティングは新規顧客の開拓だけでなく、既存顧客との関係強化にも効果的であることがわかりました。このデータを手に、再び上司に提案します。今度は上司も無視できません。「確かに興味深い。パイロットプロジェクトとして試してみよう」ということになりました。

リンらの研究では、**創造的逸脱に対する上司の反応として、**許す、報酬を与える、罰する、無視する、操作するという五つのタイプがあるとされています。このうち、**許すことと報酬を与えることが、従業員のパフォーマンスにプラスの影響を与えていました。**

アイデアが出てきたら上司としてはポジティブな反応をしたいところです。たとえアイデアを却下することになっても、創造的逸脱を完全に禁止するのではなく、ある程度の自由度を認めることが大事でしょう。

逆に、従業員の立場からすれば、アイデアが却下されても諦めずに水面下で追求し続けることがイノベーションを生み出す鍵となります。アイデアの実現は粘り強い挑戦の結果でもあるのです。

さまざまな部署に働きかけ続ける

アイデアを思いつくだけでは、イノベーションは実現しません。そのアイデアを組織内で広め、支持を得て、形にしていくことが重要です。このプロセスで大切なのが、さまざまな部署に働きかけることです。

中国の陝西師範大学のキューとリウが発表した研究は、この点について示唆を与えています。[*12] 研究者たちは、新製品開発チームにおいて、上司の行動がアイデアの実現にどのような影響を与えるかを調べました。

中国の10のハイテク企業で83の新製品開発チームを調査したところ、次のことがわかりました。

- 自分の能力を示したいという意欲を持つ上司のもとでは、チームのアイデアが実現しやすい

・部署外の人々と交流する上司のもとでは、チームのアイデアが実現しやすい
・これら二つの特徴を持つ上司のもとでは、特にアイデアの実現に成功しやすい

こうしたパワフルな上司のもとでイノベーションが起こりやすいことがわかっても、現実には、そのような上司に巡り会える人ばかりではありません。アイデアを生み出した本人が中心となって、さまざまな部署に働きかける必要がある場合も多いでしょう。

理想的な上司がいない時には、アイデアの提案者自身が、研究で示されたような役割を担う必要があるのです。とりわけ、部署外との交流に積極的になることが求められます。

ある大手スーパーマーケットチェーンの例を考えてみます。このスーパーでは、食品ロスを減らすための新しいシステムを導入しようとしています。アイデアを提案したのは、一般の従業員でした。

アイデアの提案者は、上司からの支援が得られないことに気づきます。そこで、自ら率先して、さまざまな部署に働きかけることにしました。

まず店舗運営部門と連携します。各店舗の実情や現場スタッフの意見を聞き取ります。「うちの店では売れ残りの弁当が多い」「野菜の廃棄量が気になる」といった生の声を集め

ていきます。

商品部門とも会議を重ねます。「お中元シーズンは特に需要予測が難しい」という悩みも共有されます。

マーケティング部門との協力も欠かせません。「食品ロス削減の取り組みを、ＳＤＧｓの一環としてアピールできるかも」というアイデアが出てきました。

人事部門とも連携し、新システム導入に伴う従業員教育の計画を立てます。「レジ担当の負担が増えないか心配」という懸念に対しては、説明を重ねます。

財務部門とのタフなやりとりも発生します。「投資の回収にどれくらいかかるのか」「他に優先すべきプロジェクトはないのか」といった質問が飛びます。提案者は資料を作り直し、粘り強く説得を続けます。

最後は経営陣へのプレゼンテーションです。「この取り組みが会社の価値向上にどうつながるのか」という質問に、提案者は答えなければなりません。

このように、アイデアを実現するには、組織内のさまざまな部署への働きかけが欠かせないのですが、これは決して簡単なことではありません。多くの企業では、例えば、次のような障壁があります。

・部署間の壁が高く、横のつながりが作りにくい
・限られた資源をめぐって部署間で競争が起きる
・各部署が独自の言葉を使い、相互理解が難しい
・日々の業務に追われ、他部署とのやりとりに時間を割けない
・自部署の利益を守ろうとする意識が強い

障壁を乗り越えるには、アイデアの提案者自身が「橋渡し役」として動くことが重要です。アイデアを出すだけでなく、そのアイデアを組織内で「売り込む」能力が求められるのです。

キューとリウの研究が示すような上司がいない場合、アイデアの提案者自身が外部との交流に積極的になり、さまざまな部署や上層部との関係を築き、実現に必要な協力を得るよう努めます。他の部門と調整することで、支援や助言を得られ、アイデアの実現可能性が高まります。

イノベーションを生み出すためには、アイデアを組織内で広め、支持を得て、形にしていくプロセスが大事です。さまざまな部署に働きかけ続けることは、そのプロセスの核心

と言えます。

これは決して簡単な道のりではありません。時には挫折を味わうこともあるでしょう。他部署からの反対や無関心に直面し、プロジェクトの意義を疑うこともあるかもしれません。しかし、対話を重ね、理解者を増やしていくことが、成功につながります。

成功を信じ続けることの重要性

イノベーションを実現するには、たくさんの障害があります。しかし、これらの障害を乗り越えるためには、**自分のアイデアが成功するという信念を持ち続けることが大切**です。アメリカのワシントン大学・セントルイス校のベアーの研究は、この点について含意のある見解を示しています。*13

大手農業加工会社の216名の従業員とその上司のデータを分析しました。調査では、従業員の創造性、アイデア実現への期待、ネットワーキング能力、そして職場における人間関係に関するデータを集めました。また、上司からは、従業員のアイデア実現に対する評価を収集しました。

研究の結果、**創造的なアイデアの実現には、そのアイデアが成功するという強い期待感が重要である**ことがわかりました。アイデアの実現に対してポジティブな期待を持ち続ける従業員ほど、アイデアを形にする可能性が高かったのです。

なぜ、成功を信じ続けることが重要なのでしょう。その理由を考えるために、ある食品メーカーの従業員が新商品のアイデアを提案した例を挙げてみます。

この従業員は、健康志向の若者向けに植物性プロテインバーを開発するアイデアを思いつきました。しかし、アイデアを部署内で共有すると次々と反対意見が出ました。

「うちは和菓子メーカーなのに、洋風のものを作って大丈夫なのか」
「植物性プロテインは、一時的なブームなのでは」
「新しい製造ラインの導入に費用がかかりすぎる」
「若者向け商品の販路開拓が難しい」

このような反応に直面すると、多くの人は諦めてしまうでしょう。しかし、この従業員はアイデアがうまくいくという確信を持ち続け、その確信が行動を支えました。

ベアーの研究によれば、このような期待感は、アイデアの実現に向けた行動を促進します。成功を信じていれば、リスクを取ってでもアイデアを実行しようとします。また、周囲の反対に遭っても説得を続けられます。

さらに、研究では、**ネットワークの重要性**も明らかになりました。アイデアの実現に対してポジティブな期待を持つだけでなく、**職場で良好な人間関係を築いている従業員ほど、アイデアを実現する可能性が高かった**のです。例えば、先の例の従業員が製造部門や営業部門と関係を築いていれば、部門の垣根を越えた協力を得やすくなります。

ここで一つの疑問が浮かびます。創造的なアイデアは、その新規性ゆえに不確実性が高く、組織内でさまざまな抵抗に遭いやすいものです。そのような状況で、なぜアイデアが成功すると信じられるのでしょうか。

ベアーの研究では、この点についても興味深い発見がなされています。アイデアの実現に対してポジティブな期待を持つ従業員は、単に楽観的なだけではありません。**アイデアの実現が、自分にとってどのような利益をもたらすかを理解している**のです。例えば、昇進や報酬の増加、自己実現の達成感などです。

先の従業員の場合、このアイデアが実現すれば、会社に大きな利益をもたらすだけでなく、自分のキャリアにも良い影響を与えると確信していたかもしれません。新しい市場を開拓した功績は、昇進や高い評価につながり得ます。また、自分のアイデアが形になる喜びもモチベーションとなっていたでしょう。

ベアーの研究は、創造的なアイデアの実現が、そのアイデアの質だけでなく、それを提案する個人の心理状態にも依存していることを示しています。**アイデアが成功すると信じ続け、それを支える人間関係を築くことが、イノベーションの成功につながる**のです。

アイデア実現と継続的イノベーションのジレンマ

これまで、アイデアを組織内で実現することの難しさを見てきました。しかし、アイデアの実現が困難だからといって、どんなアイデアでも無批判に採用すればいいわけではありません。韓国の光云大学校のチョンらの研究チームが明らかにした新たな問題は、この点に警鐘を鳴らしています。

チョンらは、中国と韓国の組織から84名のマネジャーと397名の従業員を対象に調査を行いました。継続的なイノベーションが従業員の心理状態と組織のイノベーション能力にどのような影響を与えるかを分析したものです。*14

研究結果は、アイデアの実現と継続的イノベーションの間に潜むジレンマを浮き彫りにしました。**過去にイノベーションが頻繁に行われた組織では、皮肉にも従業員が無力感を抱きやすくなる**ことがわかったのです。

変化に適応する負荷が頻繁に発生すると、従業員は「どうせまた変わるから、頑張っても無駄だ」と感じるようになります。過去の経験から「努力しても結果は変わらない」という認識が形成されるのです。

深刻なのは、過去のアイデアが「失敗した」と認識されている場合です。失敗経験が蓄積されると、従業員は次のアイデアに対しても「どうせうまくいかないだろう」という思いを強くします。この無力感は、従業員の信頼感やモチベーションを削ぎ、「自分たちの努力ではどうにもならない」という感覚を生み出します。

チョンらの研究では、無力感が「**イノベーション疲労**」を引き起こすことも明らかになりました。イノベーション疲労とは、**新しい取り組みに対する意欲や熱意が失われた状態**を指します。無力感を覚えている従業員は、精神的にも感情的にも消耗しやすくなり、イノベーションに対する期待や関心が失われます。

ある大手小売チェーンで新しい顧客管理アプリの導入が発表された日のこと、会議室には重苦しい空気が漂っています。「では、アプリの機能について説明します」と、プロジェクトリーダーが話し始めました。

しかし、店舗スタッフたちの表情は硬く、ため息が漏れます。ある中堅社員が小声で「またか、去年導入したポイントシステムは何だったのか」とつぶやきます。隣の若手社員も「そうですよね。あの時も『これで顧客満足度が上がる』って言われたのに」と同調します。ベテラン社員は腕を組んで、「どうせ半年もすれば、また新しいのに変わるのだろう」と冷ややかな目で見ています。

プロジェクトリーダーの説明は、従業員たちの心に届いていません。彼らの目には、疲れと諦めが色濃く漂っているのです。この光景はイノベーション疲労の典型例と言えます。従業員たちは、過去の経験から新しい取り組みに対して懐疑的になり、その価値を信じられなくなっています。

イノベーション疲労に陥った従業員は、アイデアの実行に消極的になります。「どうせ失敗するなら、最初から取り組まないほうがいい」という思考が働き、結果として組織全体のイノベーション能力が低下してしまいます。

この現象が特に問題なのは、悪循環を生み出す点です。イノベーション疲労によって新しい取り組みへの意欲が失われると、イノベーションの成功率が下がります。そして、その失敗経験がさらなる無力感を生み、イノベーション疲労を深刻化させるのです。

この研究結果は、イノベーションを推進する上でバランスが必要であることを示しています。アイデアの実現が困難だからといって、すべてのアイデアを無批判に採用することは逆効果です。頻繁すぎるイノベーションや、十分な検討なしに実施されたイノベーションの失敗は、従業員の疲労と無力感を招きます。

アイデア実現の難しさには合理的な側面も

組織がアイデアに抵抗する背景には、意外にも合理的な理由が隠れています。

なぜ創造的なアイデアが組織内で抵抗に遭うのでしょうか。その理由を理解するには、「**組織学習**」の概念に注目するのが有効です。組織は環境の変化に適応するため、日々、学習を重ねています。学習の成果は組織内のルーチンとして定着します。*15

例えば、ある製造業の営業部門には、見込み顧客へのアプローチから商談、契約締結まで、長年の経験で確立されたプロセスがあります。特に初回訪問時の商談には細かなルーチンが存在します。

まず、事前に顧客企業の業界動向や財務状況を調べます。初回訪問時には会社案内と製品カタログを持参し、10分程度で自社の強みを説明します。

その後、顧客の悩みや課題を聞き出し、自社製品がどのように役立つかを提案します。商談の最後には必ず、次回のアポイントを取ります。

このルーチンは、多くの成功と失敗を経て磨かれたものです。営業部員は新人研修でこのプロセスを学び、練習を重ねます。結果、安定した成約率を維持し、顧客満足度も高くなっています。

ある日、デジタルマーケティングのセミナーに参加した中堅の営業担当者がアイデアを思いつきました。初回訪問前にＡＩを活用して顧客企業の分析を行い、提案内容を自動生成するシステムです。

このシステムを用いれば、効率的な初回商談が可能になると確信し、半ば興奮して営業部長や同僚に提案しますが、良い反応は得られませんでした。

「確かに面白いが、顧客との対話から生まれる気づきを無視することにならないか」

「今のやり方で十分な成果を上げている」

「ＡＩの提案が的外れだった場合、取り返しがつかない」

営業担当者は「なぜ誰も自分のアイデアの素晴らしさを理解してくれないのか」と落胆します。しかし部長や、話を聞いた同僚たちの反応には理由があります。

組織のルーチンは、長年の学習の結晶です。それは組織の安定性と効率性を支える基盤となっています。創造的なアイデアは、このルーチンに挑戦します。「当たり前」に疑問を投げかけ、既存の方法を覆そうとするのです。

ＡＩを活用した初回商談の手法は革新的です。しかし、それは同時に、長年かけて確立された商談スキルや、顧客との対話から得られる洞察の機会を失わせると受け止められる可能性があります。

少し見方を変えれば、組織内で反対意見が出ることは、健全な証拠でもあります。それは、その組織が環境に適応するために学習を重ねてきた証なのです。

逆に、どんな斬新なアイデアでも抵抗なく受け入れられる組織があれば、問題かもしれません。そのような組織は環境の変化に適応できず、独自の強みを持てていないでしょう。

アイデアの実現プロセスに伴う難しさは避けられないものです。組織が学習を続け、環境に適応し続ける限り、アイデアへの抵抗は存在します。それは組織の安定性を守るための自然な反応とも言えるでしょう。

難局を乗り越える中でアイデアが磨き上げられる

イノベーションの道のりに待ち受ける困難は、実はアイデアを磨く機会でもあります。アイデアを実現する過程で苦労することで、構想が磨かれ、強固なものになることがあります。難局を乗り越えることでアイデアの質が向上するのです。

ある建設会社の現場監督が、工事現場の安全管理を改善するためのアイデアを思いつきました。従来の紙ベースのチェックリストやデジタルカメラによる記録に代わり、ウェアラブルカメラとＡＩを活用した安全管理システムを導入するというものです。

現場監督はこのアイデアを上司に伝えましたが、反応は今ひとつでした。導入コストの高さ、ベテラン作業員の適応性への懸念、プライバシーの問題、既存システムの有効性など、さまざまな反対意見が出されました。

現場監督は落胆しましたが、諦めきれませんでした。そこで、これらの反対意見を受け止め、アイデアを再検討し始めます。

この過程で、最初のアイデアが変容していきます。すべての作業員ではなく、重要な作業や危険度の高い場所に限定してウェアラブルカメラを使うことにしました。また、ＡＩによる自動分析と人間による確認を組み合わせるハイブリッド方式を採用し、ベテラン作業員の経験や勘を活かしつつ、新技術の利点も取り入れる工夫をしました。

数か月後、現場監督は再び上司に提案します。今回は反応が異なり、新しい安全管理システムのパイロットプロジェクトの実施が決定しました。

この例が示すように、アイデアの実現プロセスにおける障害は、必ずしもマイナスばかりではありません。むしろ、これらの障害と向き合うことで、アイデアが洗練され、実現可能性が高まることがあります。

なぜアイデア実現の難局がアイデアの質を高めるのでしょうか。その理由を考えてみましょう。

多様な視点の取り込み

組織内の反対や批判は、アイデアの弱点を明らかにします。これによって、アイデアが成長します。異なる視点からの指摘は、アイデアの見落としを明らかにし、解決策の構築につながります。

先の例では、ベテラン作業員の適応性への懸念によって、新旧の手法を組み合わせるハイブリッド方式というアイデアが生み出されました。新技術の導入と既存の知見の活用を両立させる、より洗練されたシステムとなりました。

実現可能性の向上

組織内のさまざまな部門との調整は、アイデアの実現可能性を高めます。製造、販売、財務など、各部門の視点を取り入れることで、アイデアは現実的なものになります。

安全管理システムの例では、コストへの懸念が、段階的な導入計画や使用範囲の最適化につながりました。これにより、初期投資を抑えつつ、効果を最大化する方法が見出されました。

説得力の向上

アイデアの実現プロセスで直面する質問や批判に答えていくことで、アイデアの説明が洗練されます。最初は漠然としていた構想が、説得力のあるプランへと進化します。例えば、プライバシーの懸念に対応するため、データの取り扱いや保護に関する計画が立てられるかもしれません。アイデアの説明が具体的になり、関係者の理解を得やすくなります。

提案者の成長

アイデアの提案者自身も、この過程で成長します。批判に対して対応する能力、異なる専門性を持つ人々とコミュニケーションを取る力、複雑な問題を段階的に解決する思考力など、イノベーターに必要なスキルが磨かれます。

現場監督は、この過程で技術的なアイデアの提案者から、組織全体の課題を俯瞰的に捉え、多様な利害関係者の要求を調整できるリーダーへと成長しました。

アイデアの堅牢性の向上

批判や質問に耐えることで、アイデアは強固になります。最初から賛同を得られるアイデアは、表面的な魅力しか持たない場合があります。一方、さまざまな角度から検討され、改良を重ねたアイデアは、導入時に直面する課題にも対応できる堅牢性を獲得します。

安全管理システムの例では、初期の構想からは変わりましたが、その過程で懸念事項に対する対策が組み込まれました。結果として、現実的で有効なシステムになりました。

もちろん、実現プロセスにはリスクもあります。妥協によって、アイデアの革新性が失われる可能性もあります。また、長期化する調整の末に、市場環境が変化してしまい、せっかくのアイデアが陳腐化してしまうこともあります。

しかし、これらのリスクを認識しつつも、アイデア実現の難しさを単なる障害としてではなく、アイデアを磨く機会として捉え直すことが重要です。イノベーションの道のりは決して平坦ではありませんが、その起伏こそがアイデアを鍛えます。アイデアの実現プロセスにおける困難は避けられません。しかし、その困難と向き合うことで、アイデアは進化し、実現可能性の高いものへと成長していきます。この視点の転換は大事です。

アイデア実現のタフな過程を乗り越える術が必要

イノベーションの道は平坦ではありません。アイデアを思いつくのも大変ですが、それを形にする過程はさらに難しいものです。この過程には意義がありますが、挑戦者が途中で挫折することも多いのです。

組織内でアイデアを提案すると、多くの反対や障害に直面します。これらは、組織が長年の経験を通じて確立したルーチンを守ろうとする自然な反応です。斬新なアイデアはルーチンに挑戦するものであり、組織の安定性を揺るがす可能性があるため、慎重な姿勢を見せるのも理解できます。

しかし、多くの人がここで挫折します。アイデアを提案した人にとって、これらの反応は理不尽に感じられ、「なぜ誰も自分のアイデアの良さを理解してくれないのか」とフラストレーションを感じ、やがて諦めてしまいます。

最初の熱意は冷め、「どうせ無理だ」という気持ちが芽生えます。提案者は、次第に行動を控えるようになり、既存のやり方に従うようになります。

何度もアイデアが却下されることで自信を失い、アイデアを提案することを恐れるようになる人もいます。

組織内での評価にも影響が出る可能性があります。「現実的でないアイデアばかり出す人」と見なされ、重要なプロジェクトから外されるなど、キャリアにも悪影響が及ぶかもしれません。

このように、イノベーションの実現プロセスは多くの人を挫折させ、良いアイデアが日の目を見ないことがあります。これは個人にとっても組織にとっても損失です。

そこで必要になるのが、タフなプロセスを乗り越えるための「武器」です。アイデアを思いついた人が何の準備もなく困難に立ち向かうのは無謀です。適切な武器を身につけることで、イノベーション実現の可能性が高まります。

この武器は、アイデア実現に挑む人を支え続けるインフラのようなものでなければなりません。長期的にサポートを提供し続けるものが求められます。

特に重要なのは、タフなプロセスにおいて、アイデアを提案した従業員のエネルギーを保つ武器であることです。

イノベーションの実現プロセスは長期にわたることが多く、その間、モチベーションを維持することは容易ではありません。反対や批判に直面し続けることで、エネルギーが消耗していきます。そのような状況下でも、アイデアを提案した従業員のエネルギーを維持し、前に進む力を与えるものでなければなりません。

また、否定的な経験を重ねても自己嫌悪に陥らず、諦めにつながらない武器であることも望まれます。実現プロセスでは、しばしば失敗や挫折を経験します。

しかし、否定的な経験を乗り越え、それを成長の機会として捉える力を与える武器があれば、どうでしょうか。イノベーションの実現は、決して一直線ではありません。試行錯誤の連続です。その過程で経験するさまざまな困難や挫折の中でも前に進み続ける。それを支える武器が求められます。

本書は、そうした武器を提供することを狙っています。アイデアを思いつくことは、イノベーションの始まりです。本当の挑戦は、そのアイデアを実現に導くプロセスにあります。この道のりを乗り越えるための武器を手に入れることで、イノベーションの実現可能性は高まるはずです。

コンパッションがイノベーションの支えになる

イノベーションを実現するプロセスは、多くの困難を伴います。この困難なプロセスを乗り越えるために必要な「武器」とは何でしょうか。

本書で注目するのは「**コンパッション**」、特に「**セルフ・コンパッション**」です。**セルフ・コンパッションとは、自分の失敗や欠点を優しく受け入れ、それが誰にでもあることだと理解し、今この瞬間に集中すること**です。セルフ・コンパッションは、アイデアを実現するための強力な手段となります。

イノベーションのプロセスで困難なことの一つは、組織内での抵抗です。革新的なアイデアは、既存のルーチンや慣習に挑戦するものであるため、強い反対に遭います。「前例がない」「リスクが高い」といった批判にさらされると、提案者は自信を失います。

しかし、セルフ・コンパッションは、この状況で重要な役割を果たします。反対意見を個人攻撃と受け取らず、建設的な批判として捉えるきっかけを与えてくれます。

イノベーションのプロセスでは失敗と挫折が避けられません。アイデアは多くの場合、壁にぶつかります。セルフ・コンパッションは、こうした失敗や挫折を処理する能力を高めます。失敗を自分の価値と結びつけるのではなく、成長の機会として捉えることができるようになります。

また、イノベーションには時間がかかり、その間の不確実性が不安とストレスの源になります。市場環境や技術トレンドが変化し、当初のアイデアの価値が揺らぐこともあります。セルフ・コンパッションによって、不確実性に対処する余力をもたらし、目先の結果にとらわれすぎず、大局的な視点を保つことができるようになります。

イノベーションを推進する人は、組織内で孤立することもあります。周囲の無理解や批判に直面し、「自分一人だけが戦っている」と感じることも少なくありません。セルフ・コンパッションは、孤独感や疎外感を和らげます。困難は誰にでもあることだと理解し、自分を責めすぎずに前を向き続けることができます。

イノベーションを実現するためには、知識やスキルを学び続ける必要があるでしょう。技術の進歩、市場の変化、組織の変革などに適応していかなければなりません。セルフ・

コンパッションは学習を促進します。失敗や間違いを恐れず、それを学びの場面として捉えることができるからです。

イノベーションのプロセスでは高いストレスがかかります。締め切りのプレッシャー、期待に応えなければならない重圧、不確実性への不安など、さまざまなストレス要因があります。セルフ・コンパッションは、このストレスを管理する手段となります。

このように、セルフ・コンパッションは、イノベーションのプロセスにおける、さまざまな困難に対処します。その意味で、セルフ・コンパッションは「弱さ」ではありません。むしろ、困難な現実に立ち向かうための「強さ」を生み出します。

例えば、組織内の反対に直面した時、セルフ・コンパッションは「反対意見にも価値がある。それを取り入れてどうすればアイデアをより良いものにできるか」と考えることを可能にします。

失敗に直面した時も、セルフ・コンパッションは「失敗は誰にでもある。ここから何を学び、次にどう活かせるか」と考える方向にいざなってくれます。

長期的な不確実性に対しても、セルフ・コンパッションは「不確実性は避けられない。

今この瞬間、自分にできる最善のことは何か」と冷静に考える余裕を作り出してくれます。

要するに、セルフ・コンパッションは困難な現実から目をそらすのではなく、それに正面から向き合い、乗り越えるきっかけをくれます。それは、イノベーションの実現プロセスという長く険しい道のりを歩み続けるための武器になります。

次章では、コンパッション、特にセルフ・コンパッションについて掘り下げます。コンパッションとは具体的に何を指すのか、アイデア実現の武器となるのはなぜか、イノベーションのプロセスにおいてどう活用できるのか。最新の研究成果と例示を交えながら探っていきます。

第2章

セルフ・コンパッションがイノベーションに効く

イノベーションの隠れた味方「セルフ・コンパッション」とは

「また失敗か…」そんな言葉が頭をよぎります。イノベーションの道は困難の連続です。しかし、その暗闇に一筋の光明を投げかけるのが「コンパッション」という考え方です。**コンパッションとは、広い意味で「思いやり」のこと**を指します。苦しみに気づき、感情的に反応し、それを和らげたいと考えることを意味します。重要なのは、コンパッションが他人に向けられるだけでなく、自分自身にも向けられる点です。

自分自身に向けた思いやりのことを、セルフ・コンパッションと呼びます。[*1]

セルフ・コンパッションは、自分の苦しみに気づき、それに対して思いやりを持って接する態度のことです。

イノベーションを実現する過程において、セルフ・コンパッションは重要な役割を果たします。イノベーションの過程では多くの挫折感を経験するからです。そうした状況で、自分に対して思いやりを持ち、前向きな姿勢を保つことが、アイデアの実現につながります。

このセルフ・コンパッションがイノベーションの現場でどのように機能するのか、ある食品メーカーの例を通して見ていきましょう。

食品メーカーの商品開発部門では、健康志向の若者をターゲットにした新しい飲料の開発を開始しました。担当者は、地元の農産物を使った低カロリーでビタミン豊富な飲料を考案し、何か月もかけてレシピの開発と市場調査を行いました。

しかし、社内試飲会での反応は良くありませんでした。「味が薄い」「パッケージデザインが地味」「販売価格が高い」など、厳しい意見が相次ぎます。マーケティング部門からは「ターゲット層の嗜好と合っていない」との指摘も受けました。

このような状況下で、セルフ・コンパッションが低い人は、「自分には商品開発の才能がない。こんな失態をさらしたら、次のチャンスはもらえない。今後、あまり変わったアイデアは出さないでおこう」と考えるかもしれません。

一方、セルフ・コンパッションを実践する人は、「今回は上手くいかなかった。でも、新商品の開発は試行錯誤の連続。これは誰もが経験すること。この経験から何を学べるだろうか。どうすればもっと魅力的な商品になるだろう」と考えるでしょう。

セルフ・コンパッションが高い人は、問題状況を個人的な落ち度ではなく、イノベーションプロセスの必然的な一部として捉えます。自分を責めるのではなく、この経験から学び、次の挑戦に向けて準備します。

セルフ・コンパッションの姿勢は、失敗からの回復力と粘り強さを与えます。落胆しつつも、すぐに気持ちを切り替え、商品の改良に取り組みます。

先の例で言えば、試飲会における意見を分析し、それに対する改善策を考えるでしょう。また、ターゲット層の若者にインタビューを行い、その嗜好を深く理解しようと努めるかもしれません。

もちろん、イノベーションの実現プロセスは、一回の反対で終わるものではありません。数年にわたる軌跡の中で幾度となく試練を経験します。改良を重ねた商品が再び却下されたり、テスト販売で予想外の問題が発生したりと、さまざまな事態にさらされるでしょう。

しかし、セルフ・コンパッションが高い人は、そのたびに自分を励まし、気づきを得て、前進し続けます。「これは一時的な後退。深刻に受け止めすぎず、この経験を活かして、さらに良い商品を作り上げよう」と、自身に語りかけるのです。

このような姿勢が、長期にわたるイノベーションプロセスを乗り越える原動力となります。数年後、幾多の窮地を乗り越えて、いつしか市場で成功を収める商品が生まれるに違いありません。

セルフ・コンパッションは、イノベーションの実現プロセスにおいて多くの利点をもたらし、失敗からの迅速な回復を促します。苦しい状況でも積極的な姿勢を保ち、新しいアイデアを試すことができます。

セルフ・コンパッションは三つの要素からなる

前節でふれたセルフ・コンパッション。一見シンプルに思えるかもしれません。しかし、その内実は奥深く、テキサス大学のネフによると、三つの要素から構成されています。*2

これらの要素を実践すれば、イノベーターは険しい道のりを乗り越える武器を手に入れることができます。

①セルフ・カインドネス

一つ目の要素は**セルフ・カインドネス＝自分に対して優しく接すること**です。セルフ・カインドネスとは、打ちのめされた時に、自分を厳しく非難するのではなく、思いやりを持って接することです。

ある若手社員が製品アイデアを上司に提案しました。しかし、プレゼンテーションの途中で緊張のあまり言葉に詰まり、資料の順番を間違えてしまいます。上司は眉をひそめ、「準備が足りないのでは」と指摘します。

会議室を出た後、若手社員は自己嫌悪に陥ります。「なんて失態をさらしてしまったのか。こんな基本的なこともできないなんて。自分はダメだ」という気持ちがこみ上げてきます。

しかし、立ち止まって、自分に語りかけます。

「確かに悔しいが、これも貴重な経験。自分はよく頑張った。どうすれば次は良いプレゼンができるだろう」

このような自己対話は、セルフ・カインドネスの例です。**うまくいかない状況を自分の価値と結びつけるのではなく、進歩のタイミングとして捉え直して**います。

セルフ・カインドネスは、イノベーションの実現に不可欠です。アイデアの提案や実現には困難が伴います。その度に自分を責めていては、前に進むことができません。自分に優しく接することで、失敗から学び、再挑戦する勇気が生まれます。

②コモン・ヒューマニティ

二つ目の要素はコモン・ヒューマニティです。**コモン・ヒューマニティとは、自分の経験を人類共通のものとして捉える視点のこと**です。問題や苦境を、自分だけの特別な経験ではなく、誰もが経験することとして理解します。

新規事業企画チームのリーダーが、サービスの提案をしています。しかし、経営陣からの反応は冷ややかです。「ニーズの裏付けが不十分」「コスト計算が甘いのでは」といった意見が飛び交う中、リーダーは自信を失っていきます。

会議後、落胆したリーダーは一人でデスクに向かい、「自分には向いていないのかも。こんな攻撃を受けるのは自分だけだ」と考えます。

しかし、ふと隣の部署のホワイトボードに目が留まります。

そこには過去のプロジェクト履歴が書かれており、幾度となく却下や修正を経て、成功を収めた事例が並んでいました。「そうか、これは誰もが通る道。私だけが特別ダメなわけではない。こういった指摘を乗り越えてこそ、価値のある提案になるはず」

この気づきは、コモン・ヒューマニティの例です。**自分の経験を、人類共通の経験の一部として認識することで、自己批判から解放されます。**

コモン・ヒューマニティの視点は、イノベーションの実現プロセスにおいて大事です。アイデアを提案し、それを実現しようとする過程では、誰もが試練を経験します。それを「自分だけの失敗」と捉えるのではなく、「誰もが経験する過程」と理解することで、ポジティブに取り組むことができます。

③マインドフルネス

三つ目の要素は、マインドフルネスです。**マインドフルネスとは、現在の経験に対して、判断を加えずに意識を向ける態度のこと**を指します。

新製品の開発プロジェクトが最終段階を迎えています。しかし、直前のテストで予期せぬ問題が発生しました。納期まであと1か月という差し迫った状況の中、プロジェクトリーダーの頭には次々とネガティブな思考が浮かびます。

「このままでは間に合わない。プロジェクトは終わりだ。私の責任。会社の中で居場所がなくなる」

心臓の鼓動が早くなり、呼吸が浅くなっていくのを感じます。しかし、リーダーは意識的に深呼吸を始めます。そして、自分の状態を客観的に観察することにしました。

「今、私は不安と焦りを感じている。胸が締め付けられるような感覚がある。しかし、これは自然な反応。今できることに集中しよう。まずは問題を整理し、チームと共に解決策を探ろう」

リーダーは、自分の感情を認識しつつも、それに反応しすぎることなく、次のステップに進みます。チームを招集し、冷静に状況を説明。全員で解決策を模索することができました。このような対応はマインドフルネスの例です。

アイデアの実現には不確実性が伴い、不安や焦りを感じることは避けられません。しかし、それらの**感情に振り回されるのではなく、客観的に認識し、バランスの取れた視点を保つことで、うまく対応できます。**

失敗を経験しても自分を責めすぎず、それを人類共通の経験として捉え、現在の状況を観察する。このようなセルフ・コンパッションが、長期にわたるイノベーションプロセスを支える武器となります。

セルフ・コンパッションが高い人の特徴

セルフ・コンパッションの三要素を体現する人は、どのような特徴を持っているのでしょうか。そして、その特徴がイノベーションプロセスにどう活かされるのでしょうか。

ここでは、セルフ・コンパッションを測定する項目を手がかりに[*3]、具体的な姿を描き出してみましょう。

①自分の弱さを理解し、辛抱強く接する

セルフ・コンパッションが高い人は、自分の短所を過度に糾弾せず、理解し、向き合います。自己批判ではなく、自己理解と自己改善に焦点を当てます。イノベーションの過程において、自分の弱点と向き合い、それを受け入れ、改善していく姿勢が見られます。

▼例：プレゼンテーションが苦手な社員が「人前で話すのは得意ではないが、練習を重ねて改善しよう。完璧を求めず、一歩ずつ向上すればいい」と考える。

②バランスの取れた見方をしようとする

セルフ・コンパッションが高い人は、難局に面しても、状況を分析し、極端な反応を避けます。問題点だけでなく、肯定的な側面も含めて状況を評価します。バランスの取れた

視点を持つことで、適切な対応が可能になり、困難を深化の機会として活用できます。
▼例：新規プロジェクトがつまずいた時、リーダーが「問題は深刻だが、チームの強みを活かせば解決できる。この問題は創造性を刺激するチャンス」と語る。

③自分の欠点や失敗を学習の一部だと考える

セルフ・コンパッションが高い人は、不完全さを特別なことではなく、人間として自然な経験として受け入れます。成果にこだわらず成長のプロセスを尊重します。イノベーションには試行錯誤が必要で、失敗を恐れず、前進の機会とすることが重要だと心得ています。
▼例：新製品の開発が遅れたエンジニアが「誰でも最初から完璧にはできない。これは学習プロセスの一部。この経験から知識を得て、次に活かそう」と捉える。

④つらい時期を過ごす時、自分に優しさを与える

セルフ・コンパッションが高い人は、大変な状況でも自分を責めず、思いやりを持って

接し、セルフケアを行います。自己批判ではなく、自己支援に焦点を当てます。停滞を味わった際、自分を思いやる姿勢が長期的な取り組みを支えます。

▼例：大型プロジェクトが不成功に終わったマネジャーが「結果は残念だが、自分を責めすぎず、今は休息を取ろう。リフレッシュして振り返る時間を作ろう」と考える。

⑤がっかりした時、感情のバランスを保とうとする

セルフ・コンパッションが高い人は、失望を覚えても感情に振り回されず、冷静さを保ちます。感情を認識しつつ、バランスの取れた視点を維持します。イノベーションには多くの不確実性が伴うため、冷静な判断が欠かせません。

▼例：商談が破綻した営業担当者が「落胆しているが、感情にとらわれすぎず、次の戦略を考えよう。ここから学べることもある」と自分に言い聞かせる。

⑥多くの人も同じように失敗することを思い出す

セルフ・コンパッションが高い人は、自分の不安や不十分さを普遍的な経験として捉え、孤立感を減らします。自分だけが特別ではないと理解することで、他の人との協力関係を築くきっかけを作ります。

▼例：新しい技術の習得に苦戦するエンジニアが「誰でも新しいことを学ぶ時は不安になる。私だけではない」と考え、孤立感を和らげる。

⑦自分の好きではない面に対してイライラしない

セルフ・コンパッションが高い人は、自分の短所や弱点に対して過度に反応せずに受け止めます。焦らず改善する姿勢がイノベーションを生み出します。

▼例：チームマネジメントに苦手意識のあるリーダーが「少しずつ修正していこう。完全無欠のリーダーになる必要はない」と考える。

⑧自分の欠点を認めることができ、批判的にならない

セルフ・コンパッションが高い人は、自分の不完全さを受け入れ、発展的に対処します。自分の誤りを認め、修正する勇気を持ち、プロジェクトを成功へ進めます。

▼例：プロジェクトの途中で自分の判断ミスに気づいたマネジャーが「判断に問題があったが、これを認めることは進化のチャンス。チームに正直に伝え、修正案を考えよう」と決意する。

セルフ・コンパッションのこれらの特徴は、イノベーションの実現過程で出現する難関を乗り越える力となります。

セルフ・コンパッションとコンパッションは共鳴する

セルフ・コンパッションの特徴を持つ人々。彼ら彼女らの影響は、自分自身にとどまらず、周囲の人々にも及びます。セルフ・コンパッションと他者へのコンパッションの関係性に光を当て、それがイノベーションプロセスにもたらす意義を探りましょう。

テキサス大学オースティン校のネフとポミエの研究チームは、セルフ・コンパッションと他者への配慮の関係について検討しています。[*4]

研究において参加者は、セルフ・コンパッションと他者への配慮に関する質問項目に回答しました。他者への配慮には、他者の苦しみに対する思いやり、他者の立場に立って考える能力、他者を助ける行動が含まれます。

調査結果から、**セルフ・コンパッションが高い人ほど、他者への配慮も高い傾向**が明らかになりました。自分に対して思いやりを持つ人は、他人にも同様の態度を取りやすいのです。この関係はイノベーションの過程で重要です。アイデアを実現するには多くの人の協力が必要だからです。

例えば、ある大手アパレル企業で環境に優しいファッションブランドを立ち上げるプロジェクトが始まったとします。プロジェクトリーダーは自分のアイデアに自信を持っていましたが、社内の反応は今ひとつでした。しかし、リーダーはセルフ・コンパッションの姿勢を持ち続けました。

「懸念の声があるのは自然なこと。自分を責めるのではなく、研鑽の時にしよう」

このような態度はチームメンバーへの接し方にも反映されます。デザインチームが予想外の素材の問題にぶつかった時も、叱責するのではなく、共感的に接しました。

「新しい素材の開発には予期せぬ問題がつきものです。解決策を考えてみましょう」

リーダーの姿勢はチームの雰囲気を変え、メンバーは安心してアイデアを提案できるようになりました。結果的に、エコフレンドリーな製品ラインが生まれ、業界に新しいトレンドを生み出しました。

さらに、研究においては、**セルフ・コンパッションと他者への配慮の関係が、年齢が高くなるほど強くなる傾向**が見られました。人生経験を重ねることで自分と他者への理解が深まることを表しています。

セルフ・コンパッションが高い人は、他者の苦しみに対して過度に感情移入することが少ないこともわかりました。一見矛盾しているように思えますが、重要な意味があります。**セルフ・コンパッションは他者の苦しみに共感はしつつも、自分の感情のバランスを保つことができる**のです。感情的な消耗を防ぎ、継続的な支援が可能になります。

例えば、前述のアパレルプロジェクトで初期の販売成績が期待を下回った場合、チームメンバーは落胆し、モチベーションが下がるかもしれません。この時、セルフ・コンパッションの高いリーダーは次のように対応するでしょう。

「今回の結果は厳しいものですが、皆さんの焦りや不安は理解します。新しいコンセプトの製品ライン稼働には時間がかかることもあります。製品やマーケティング戦略を改善する好機だと捉えましょう」

このような対応はチームメンバーの感情を理解しつつも、過度に感情的にならず、ポジティブな姿勢を保ちます。

共感は苦しいが、コンパッションはポジティブ

イノベーションの歩みは、時に孤独で厳しいものです。その過程で対峙する難題に、多くの人は落胆し、自信を失います。しかし、コンパッションはイノベーターに独特の力を与えてくれます。

コンパッションとは思いやりのことで、一見「共感」と似ているように思えますが、実は異なる概念です。この違いを明らかにした研究があります。

ドイツのマックス・プランク人間認知・脳科学研究所のクリメッキらの研究チームは、共感とコンパッションの違いを実験で検討しました。[*5] 実験では、被験者を二つのトレーニングを受けるグループと、その効果を比較するためのグループに分けることで、トレーニングの効果を検討しました。

トレーニングを受けるグループでは、まず「共感」のトレーニングを行いました。他者の感情を理解し、その感情を自分のものとして体験することを学ぶトレーニングです。

例えば、苦しんでいる人の映像を見て、その人の気持ちになりきることを練習します。それに続いて、「コンパッション」のトレーニングを行いました。他者の苦しみを理解しつつも、それに巻き込まれずに温かい気持ちを持ち続けることを学ぶトレーニングです。ここで、苦しんでいる人の映像を見て、その人を助けたいという温かい気持ちを育《はぐく》むことを練習します。

トレーニング後、両グループの被験者に苦しんでいる人々の映像を見せ、その際の脳活動と主観的な感情を測定しました。以降、二つのトレーニングを受けたグループに注目して、トレーニングの効果を紹介します。

まず共感のトレーニングを受けた後で、苦しむ人々の映像を見た際には、ネガティブな感情が強まり、ストレスのレベルが上昇しました。脳の活動を見ると、痛みや負の感情と関連する領域の活動が増加していました。

しかし興味深いことに、コンパッションのトレーニングを受けた後で、同じ映像を見るとポジティブな感情が強まり、ストレスのレベルは低下しました。脳の活動では、ポジティブな感情や報酬と関連する領域の活動が増加していました。

この違いは、イノベーションの現場において重要です。

例えば、化粧品メーカーで新しい美容液の開発を任されたとしましょう。市場調査の結果、予想以上に厳しい競争環境であることが判明しました。

共感的なアプローチでは、この状況を「ライバル企業も必死に開発を進めている。きっと苦労しているだろう。この厳しい競争にうんざりする」と受け止めるかもしれません。競争の厳しさに共感するあまり、自分も疲弊してしまいます。

対して、コンパッションのアプローチであれば、「競争は厳しい。ライバル企業も頑張っている。ただ、それだけニーズがある証拠。われわれの独自成分と技術力を活かせば、消費者にとって良い製品を作れるはず。みんなで力を合わせて、この挑戦を楽しもう」といった具合に考えることができます。

コンパッションは困難な状況を理解しつつも、楽観的な姿勢を保つことを可能にします。イノベーションの長い過程を進み続けるために有益です。

クリメッキらの研究は、コンパッションが単なる心構えではなく、脳の活動パターンを変化させることを示しています。反発や抵抗に直面しても、それを肯定的に捉え、前進させる力がコンパッションにはあるのです。

先ほどの美容液開発プロジェクトで、当初の計画よりも開発に時間がかかってしまったとします。共感的なアプローチでは、「チームのみんなも焦っているだろう。この遅れを取り戻すのは大変」と考え、プレッシャーに押しつぶされそうになるかもしれません。しかし、コンパッションのアプローチであれば、「予定より遅れてしまったが、これは高品質な製品を目指したから。チームの努力に感謝しつつ、この経験を次に活かそう」と捉えることができます。

コンパッションは自己肯定感より挫折に強い

イノベーションの旅路は厳しいものです。アイデアを実現しようとすると、反対の声に面します。多くの人は「自分を信じること」の重要性を強調しますが、最新の研究では、それだけでは十分でないことが示されています。

テキサス大学オースティン校のネフとオランダのナイメーヘン大学のフォンクの研究チー

ムは、自己肯定感とセルフ・コンパッションを比較しました。[*6] 一つ目の研究では2187名の成人を、二つ目の研究では165名の大学生を対象としました。

研究では、参加者のセルフ・コンパッションと自己肯定感のレベルを測定し、さまざまな心理的特性との関連を調べました。

その結果、**セルフ・コンパッションが高い人は、自分の価値観が安定しており、周りの状況に左右されにくい**ことがわかりました。他人と比べようとする傾向や、自分のことについて悩みすぎることも少ない上に、怒りっぽさも低く、新しい考え方を受け入れる傾向がありました。

一方、**自己肯定感が高い人は、自己中心的な性質と**関連がありましたが、セルフ・コンパッションの高い人にはそのような傾向は見られませんでした。ただし、幸福感や楽観性、前向きな感情に対しては、セルフ・コンパッションと自己肯定感はどちらも同じくらい良い影響を与えていました。

これらの研究結果を総合的に見ると、イノベーションの文脈においては、セルフ・コンパッションは自己肯定感よりも、いくつかの面で重要な効果をもたらす可能性があります。

まず、セルフ・コンパッションの高い人は、自分の価値観がより安定していて、周りの状況や出来事に左右されにくいため、**批判にさらされても、自分の価値を見失わずに立ち直りやすい**ことが示唆されます。

また、セルフ・コンパッションの高い人は、他人と自分を比べることが少なく、自分のことで悩みすぎないため、**自分自身をより客観的に見ることができ、不必要なストレスを抱えにく**いでしょう。

さらに、セルフ・コンパッションの高い人は怒りっぽさが低く、新しい考え方を受け入れやすいため、**不利な状況でも冷静さを保ち、解決策を見出す**ことができるかもしれません。

一方で、自己肯定感の高さは自己中心的な傾向と関連していましたが、セルフ・コンパッションにはそのような関連が見られませんでした。これは、セルフ・コンパッションが、自分を大切にしつつも、より健全な自己認識を促す可能性を示しています。

セルフ・コンパッションは自己肯定感よりも、苦難に直面した時の心の強さや、自分自身をより健康的に理解する力を育《はぐく》むと言えます。このことは、アイデアを実現しようとする長い道程において、セルフ・コンパッションが特に役立つことを意味しています。

この研究は、セルフ・コンパッションが自己肯定感よりも窮地における回復力を高め得ることを表しています。現実的な自己認識を促し、異議に対してうまく対応できるため、イノベーションの歩みを重ねる上で有効な方法と言えます。
セルフ・コンパッションと自己肯定感の違いが、イノベーションの文脈でどのように現れるか、具体例を見てみましょう。

月曜日の朝。広告代理店の会議室に緊張感が漂います。先週の金曜日に、二つのチームが新規顧客へのキャンペーン案を提出しました。そして今日、結果が発表されます。

Aチーム（自己肯定感重視）
リーダー「われわれの案が採用されるはず」
メンバー「そうですね。他のチームより優れていますから」

Bチーム（セルフ・コンパッション重視）
リーダー「結果がどうあれ、知識を得る場になるはず」
メンバー「はい。クライアントの反応から多くのことを学べそうです」

結果が発表されました。クライアントは「申し訳ありませんが、両チームとも不採用です。もう少し斬新なアイデアが欲しいところです」と述べました。

Ａチーム
リーダー「なぜだ。われわれの案は完璧だったはず」
メンバー「広告の仕事に向いていないのかも」

Ｂチーム
リーダー「どのような点が物足りなかったのか、詳しくお聞きしてもいいですか」
メンバー「次回に活かせるよう、しっかりメモを取ります」

一週間後に両チームはどうなったのでしょうか。

Ａチーム：士気が下がり、新しいアイデアが出ない
Ｂチーム：クライアントの意見を取り入れ、改良した案を作成中

例が示すように、セルフ・コンパッションはミスを恐れず、そこから学ぶ姿勢を育《はぐく》みます。イノベーションの実現に不可欠な要素です。

自己肯定感も大事ですが、セルフ・コンパッションという新たな武器を手に入れることで、イノベーションプロセスを乗り越える可能性が高まります。反発から洞察を得て、前進する。そんな姿勢が、イノベーターには求められています。

承認を求めるより、自分を慈しむほうが良い

他者からの評価を求める気持ち、いわゆる「承認欲求」は、しばしば私たちを高みへと導きます。ここまで取り上げてきた「セルフ・コンパッション」も「承認欲求」も、一見すると、自分の価値を高める方法として有効に思えます。しかし、イノベーションという苦労の行程において、これらは異なる影響を及ぼします。この二つがアイデアの生成と実

現の中でどのように作用するか、例を通して見ていきましょう。

ある企業で、業界の常識を覆す新技術の開発が始まります。このプロジェクトは既存の方法とは異なるアプローチを採用し、効率性と性能を大幅に向上させる可能性を秘めていました。プロジェクトチームは、挑戦的な取り組みに期待を寄せています。

しかし、開発の過程は決して平坦ではありませんでした。技術的な課題が次々と浮上し、コストの問題も深刻でした。「従来の方法で十分ではないか」「市場が求めているのか」といった社内の反対の声も無視できません。

このような状況において、承認欲求が強いメンバーとセルフ・コンパッションを実践するメンバーでは、反応が異なります。

承認欲求が強いメンバーの場合

- 指摘に反論し、それらを跳ね返そうと懸命に努力する
- 短期的な成果を求め、機能の追加や改良を次々と提案する
- 他社との競争意識が強く、業界をリードしようとする

セルフ・コンパッションを実践するメンバーの場合

・批判をフィードバックとして受け止め、冷静に分析する
・長期的な視点を保ち、持続可能な開発ペースを維持する
・問題状況を学びのタイミングと捉え、新しいアプローチを試みることを恐れない

この違いは、プロジェクトの進行に影響を与えます。

承認欲求に基づくアプローチは、短期的には目覚ましい進展を見せることがあります。チーム全体が高いモチベーションを持ち、逆境に立ち向かう姿勢は印象的です。しかし、長期的には燃え尽きのリスクや、失敗を恐れるあまり、結局、革新を避ける傾向が現れることがあります。

対照的に、セルフ・コンパッションのアプローチは、一見すると進捗が遅いように見えます。しかし、オープンな議論と協力を促し、長期的にはイノベーションを生み出しやすい環境を作ります。

例えば、開発の中盤で予想外の問題が発生した時、承認欲求の強いチームは問題の深刻さを過小評価し、表面的な対策で押し通そうとするかもしれません。

一方、セルフ・コンパッションを実践するチームは、課題を共有し、他部門や外部の専門家を交えて抜本的な解決策を探ろうとするでしょう。**長期的に見ると、セルフ・コンパッションは、イノベーションの実現に適しています。**その理由として、次のものが挙げられます。

・創造的なリスクを取ることができる
・思い通りに進まない状況を探求の瞬間として捉えるため、継続的な改善が可能である
・チーム内の協力と対話を促進する
・長期的なビジョンを保ち、短期的な評価に一喜一憂しない
・ストレスや燃え尽きを防ぎ、持続的な取り組みを可能にする

とはいえ、ここで注意すべきは、**承認欲求そのものが悪いわけではない**ということです。適度な承認欲求はモチベーションの源泉となり、チームを結束させます。**問題は、それに依存すること**です。イノベーションのような不確実性の高い領域では、承認欲求が裏目に出ることもあるのです。

心理的安全性とコンパッションは役割が異なる

失敗は成功の母という言葉がありますが、実際には、失敗を恐れて新しいことに挑戦できないという声もあります。この問題を解決するヒントとして、最近注目されている「心理的安全性」と「コンパッション」を比較してみると良いでしょう。

心理的安全性は、チーム内で自由に意見を言ったり、リスクを取ったりしても大丈夫だと感じることです。[*7] 一方、コンパッションは、自分や他者に対する思いやりや優しさを持つことを指します。

これらの違いを理解するために、ある例を見てみましょう。

次世代の通信技術開発に取り組む企業がありました。プロジェクトの初期段階では、心理的安全性を重視したアプローチが功を奏し、斬新なアイデアが次々と生まれました。

しかし、実用化に向けた試験段階に入ると、予期せぬ課題が浮上します。データ転送速度が理論値の半分にも満たないという問題が発覚したのです。

この状況を打開するには、「心理的安全性」では不十分でした。チームメンバーは問題について率直に議論できましたが、同時に、自責の念や不安が渦巻いていました。

プロジェクトリーダーはコンパッションの重要性に気づきました。チーム全体に向けて、こう語りかけました。

「技術的な壁に立ち向かうのは、イノベーションの過程では避けられません。私たちが本当に新しいことに挑戦している証拠です。この壁を乗り越えることで、私たちはさらに飛躍できるはずです」

メンバーとの個人面談では、それぞれの不安や焦りに寄り添い、「失敗」という言葉を「発見の機会」に置き換え、自己批判ではなく、思いやりを促すアプローチを取りました。

こうした取り組みにより、チームは活気を取り戻しました。問題解決に向けたエネルギーが生まれ、最終的には当初の目標を上回る性能を実現することができたのです。

この例に現れているように、心理的安全性とコンパッションは、イノベーションプロセスの異なる段階で役割を果たします。心理的安全性は主にアイデア生成の段階で効果を発揮し、コンパッションはアイデア（推進と）実現の厄介な過程を乗り越える力となります。

心理的安全性は、チーム全体の雰囲気や環境に関わります。「ミスをしても攻撃されない」という安心感が、メンバーの創造性を引き出し、アイデアの提案を促進します。

一方、（セルフ・）**コンパッションは個人の内面に働きかけます。逆風にさらされた時、自己批判に陥らず、その経験を学びとして捉える猶予を与えてくれます。**

もちろん、両者の相乗効果も見逃せません。心理的安全性の高い環境では、メンバーが互いにコンパッションを示しやすくなります。逆に、コンパッションの姿勢が浸透することで、チーム全体の心理的安全性も高まります。

心理的安全性とコンパッションは、イノベーションを成功に導く観点となります。これらを意識的に育《はぐく》むことで、組織はより柔軟に変化に対応し、「失敗は成功の母」という言葉を体現することができるでしょう。

セルフ・コンパッションには多くの効果がある

イノベーションの経路は、苦難と挫折感でいっぱいです。しかし、その過程を乗り越える鍵となるのが「セルフ・コンパッション」、自分自身への思いやりです。

アメリカのテキサス大学オースティン校のネフらの研究チームが、セルフ・コンパッションとポジティブな心理状態との関係を調べました。*8 研究は、177名の大学生を対象に行われました。

調査の結果、セルフ・コンパッションが多くのポジティブな心理状態と関連しており、ネガティブな心理状態とは逆の関係にあることがわかりました。

・**幸福感**：セルフ・コンパッションは幸福感と相関を示しました。自己批判を減らし、自己受容を高めることで、全般的な幸福感が向上します。イノベーションの過程ではエラーが避けられませんが、セルフ・コンパッションが高い人は、幸福感を維持しやすいと言えます。

- **楽観性**：楽観性もセルフ・コンパッションと関連していました。セルフ・コンパッションの高い人は、間違いを引きずることなく、将来に希望を持ちやすいのです。楽観的な見方は、イノベーションプロセスにおける難所を乗り越える上で有効です。
- **ポジティブ感情**：ポジティブ感情（喜びや活力、満足感などの肯定的で快い感情）全般についても、セルフ・コンパッションとの関連が見られました。ポジティブ感情は創造性を高め、問題解決能力を向上させることが知られています。これもイノベーションプロセスを促進する要因となります。
- **リフレクション**：リフレクション（俯瞰的な振り返り）もセルフ・コンパッションと関連していました。セルフ・コンパッションが高い人は自分や経験を客観的に見つめます。このことは、イノベーションプロセスにおける改善に寄与するでしょう。
- **個人的成長への意欲**：個人的成長への意欲もセルフ・コンパッションと結びついています。セルフ・コンパッションが高い人は失敗を能力向上のきっかけとして捉えられるため、継続的な学習が可能になります。イノベーションは新しい知識やスキルの獲得を必要とするため、このことは重要です。

・**好奇心と探求心**：好奇心と探求心もセルフ・コンパッションと関連していました。セルフ・コンパッションが高い人は新しいことに挑戦します。この特性は、イノベーションに不可欠な「未知の領域への探索」を促進するでしょう。

・**ネガティブ感情**：セルフ・コンパッションは、ネガティブ感情と負の相関を示しました。セルフ・コンパッションは自己批判や過度の反芻《はんすう》を避ける効果があると考えられます。イノベーションプロセスでは多くの苦労が直撃しますが、セルフ・コンパッションが高い人は、それらを経験した後もネガティブ感情に埋もれることなく、プラス思考でいられます。

・**神経症傾向**：神経症傾向についても、セルフ・コンパッションは負の相関を示しました。セルフ・コンパッションは不安や疑念を軽減し、精神的な安定性を高める効果があります。イノベーションプロセスは多くの不確実性とストレスを伴いますが、セルフ・コンパッションが高い人はこれらの試練に対して適応的に対処できます。

これらの結果は、セルフ・コンパッションがイノベーションに必要な心理状態を多面的に支援することを表しています。

自分への思いやりは、自己批判を避けるだけでなく、創造性、レジリエンス、学習意欲、そして精神的な安定性をもたらすのです。

セルフ・コンパッションは心の健康を守る

イノベーションを実現する道筋は、長く困難です。アイデアを形にするまでには、たくさんの妨害やダメ出しに直面し、精神的にも負担がかかります。そんな時、セルフ・コンパッションは心の健康を守ってくれます。

イギリスのグラスゴー大学のマクベスとグムリーの研究チームは、セルフ・コンパッションと心の健康の関係について大規模な分析を行いました。[*9] 14の異なる研究から集めた4000名以上のデータを分析しています。対象は一般の成人、大学生、心の問題を抱える人など、多様な年齢や性別、文化的背景の人々でした。

セルフ・コンパッションが高い人は、抑うつ、不安、ストレスのレベルが低いことがわかりました。この関係は、年齢、性別、現状の精神衛生の深刻度に関係なく一貫して見られました。

この結果をビジネスの場でどう活かせるのかを考えてみましょう。特に、イノベーションの最前線で尽力する人々にとって、どんな意味を持つのでしょうか。

そのヒントを探るため、ある大手製造業の経理部門における出来事を見てみましょう。

経理部門では、機械学習を使った財務予測システムを提案しました。しかし、経営陣への説明では、「既存システムとの互換性は大丈夫なのか」「従来の方法で十分ではないか」といった反応が返ってきました。

他部門からも否定的な意見があり、残念ながら、プロジェクトは一時中止となりました。

この状況で、プロジェクトチームのメンバーは対照的な反応を示しました。

あるメンバーは自己批判的で、セルフ・コンパッションが低い人でした。説明後、自分のデスクに戻り、否定的な考えにとらわれました。

「プロジェクトに関わるべきではなかった。経営陣の期待に応えられず、会社に迷惑をかけてしまった。この失態は今後のキャリアにも影響するだろう」

このメンバーは次第に意欲を失い、毎日の仕事にも支障が出始めました。夜は不安で眠れず、食欲も減退しました。

一方、別のメンバーはセルフ・コンパッションが高い人でした。説明後、自分の感情を観察しました。

「今は気持ちが落胆していて、少し不安もある。ただ、これは新しいことに挑戦する時には誰もが経験することだ」

そして、経営陣からの指摘や質問を整理し始めました。

「懸念は、プロジェクトを成功させるためのヒントかもしれない。どうすれば、これらの課題を解決できるだろうか」

このメンバーは課題を個人的な欠陥ではなく、イノベーションプロセスの一部として捉えました。落胆しつつも、気持ちを切り替え、改善に取り組みました。経営陣の懸念事項を分析し、改善策を考えました。また、ＩＴ部門や他の経理スタッフと協力して、実現可能性の高いプランを練り直しました。

システムの開発と導入は、当初の予想を超える時間を要しました。プロジェクトの進行は遅れ、三年経過しても完全な実装には至りませんでした。この間、何度も予算の見直しを迫られ、社内の支持が揺らぐ場面もありました。

それでも、セルフ・コンパッションの高いメンバーは辛抱強く取り組み続けます。「大きな変革には時間がかかる。焦らず、一歩一歩進めていこう」と自分に言い聞かせ、同時に、チームを励ましました。困難に取り組むたびに、それを洞察のチャンスと捉え、システムの改良や社内の合意形成に努めます。

そして、プロジェクト開始から四年後、ようやくシステムが稼働しました。その性能は当初の期待を上回り、経理部門の業務効率を向上させただけでなく、他部門の意思決定にも貢献するものとなったのです。

この長い過程で、セルフ・コンパッションの高いメンバーは、心の健康を保ち続けることができました。一方で、自己批判的だったメンバーは、プロジェクトの長期化に耐えられず、二年目で退職してしまったのです。

この例は、マクベスとグムリーの研究結果を反映したものです。セルフ・コンパッションの高いメンバーは、長期にわたる難儀な状況にも適応し、心の健康を維持することができました。一方、セルフ・コンパッションの低いメンバーは、同じ状況においてプロジェクトから離脱したのです。

研究者たちは、セルフ・コンパッションが心の健康を支える理由について、いくつかの仮説を立てています。

- セルフ・コンパッションの高い人は、誤りを個人の問題ではなく、誰もが経験することとして捉える。自己批判や反芻《はんすう》を抑えることができる。
- セルフ・コンパッションは、ストレスフルな状況への適応を促す。自己理解に焦点を当てることで、問題解決が可能になる。
- セルフ・コンパッションは、ネガティブな感情を和らげ、ポジティブな感情を促す。心のバランスが保たれやすくなる。
- セルフ・コンパッションは、逆境からの回復力を高める。失敗を自己改善の機会として認識することで、精神的な強さが育《はぐく》まれる。

イノベーションを実現するプロセスは、ストレスが多いものです。アイデアへの反対、予期せぬハードル、長期にわたる不確実性など、精神的な負担がかかりますが、セルフ・コンパッションは心の健康を保つことに貢献します。

セルフ・コンパッションはウェルビーイングを高める

イノベーションの過程は長く険しいものです。そんな苦境に身を投じることが、果たして幸せなのか。疑問を抱く人も少なくないでしょう。しかし、セルフ・コンパッションを身につければ、状況は変わってきます。

ドイツのマンハイム大学のズェッシンらの研究チームが、セルフ・コンパッションとウェルビーイングの関係について、大規模な分析を行いました。[*10]

79の異なる研究から集めた計16416名のデータを分析した結果、セルフ・コンパッションがさまざまな種類のウェルビーイングと関連していることが明らかになりました。

この研究では、ウェルビーイングを次のように分類しています。

- **認知的ウェルビーイング**：人生全般に対する満足度や主観的な幸福感
- **感情的ウェルビーイング**：ポジティブな感情の経験頻度とネガティブな感情の少なさ
- **心理的ウェルビーイング**：自己受容、人生の目的、個人的成長など、より深い充実感

分析の結果、セルフ・コンパッションは、これらすべての側面と正の相関を示しました。**セルフ・コンパッションが高い人ほど、人生に満足し、ポジティブな感情を多く経験し、心理的に充実した状態にある**ということです。

なぜ、セルフ・コンパッションがこれほどまでにウェルビーイングと関連しているのでしょうか。ズェッシンらの研究は、いくつかの考察を提供しています。

まず、セルフ・コンパッションは、自分の価値を外的な基準や比較に依存せず維持する助けとなります。例えば、イノベーションの過程で批判にさらされても、自己肯定感が損なわれずに済みます。

また、セルフ・コンパッションは、問題状況における柔軟性を高めます。問題を個人的な不足としてではなく、学習のチャンスとして受け止めることで、建設的な対処が可能に

なります。

さらに、セルフ・コンパッションには、自己批判や反芻《はんすう》を減少させる効果があります。自分の不完全さを受け入れ、それを人類共通の経験として見据えることで、ネガティブな思考パターンから解放されやすくなります。

これらが相互に作用し合うことで、セルフ・コンパッションはウェルビーイングの多面的な向上に寄与しているのです。

イノベーションの文脈で言えば、**セルフ・コンパッションは苦しい過程を乗り越えるための心理的な支えとなるだけでなく、その過程自体を、より充実したものにする可能性があります。**

ここで述べているのは「苦しいけれど楽しい」「大変だけどやりがいがある」という、一見矛盾する感覚です。この感覚こそ、セルフ・コンパッションがイノベーションプロセスにもたらす独特の効果を表しています。困難さを否定するのではなく受け入れ、同時にその過程に喜びと意味を見出すのです。

このような状態は、イノベーションの実現にとって有用です。なぜなら、単に苦しさを我慢するのではなく、その過程自体に価値を見出すことで、長期的にモチベーションを維持できるからです。とはいえ、これは楽観的すぎる見方かもしれません。すべての難問が簡単に解決するわけではないからです。セルフ・コンパッションさえあれば、常に幸せでいられるというわけではありません。

しかし、少なくともこの研究は、セルフ・コンパッションがイノベーションに携わる人々の心の支えとなり、その過程をより豊かなものにする可能性を示唆しています。

文化を問わず、セルフ・コンパッションは有効

イノベーションを実現する過程で逆境に対峙した際、自分自身にどう向き合うかが、成功の鍵となります。しかし、自分との向き合い方は実は文化によって異なります。では、セルフ・コンパッションは、文化の違いを超えて有効なのでしょうか。

この問いに答えるため、テキサス大学オースティン校のネフらの研究チームが国際比較調査を実施しました。[*11] アメリカ、タイ、台湾の3か国で行われた調査には、各国の大学生

計568名（アメリカ181名、タイ223名、台湾164名）が参加しました。

研究チームは、セルフ・コンパッションの水準を測定し、幸福感や生活満足度、抑うつ傾向、さらに、自分に対する考え方の違いも調査します。

調査結果は、文化とセルフ・コンパッションの複雑な関係を明らかにしました。まず、セルフ・コンパッションの水準は国によって違いがあり、最も高かったのはタイで、次いでアメリカ、台湾の順でした。

この違いは、各国の文化的背景と関係しています。タイでは、仏教の教えが日常生活に根付いており、自己への慈しみが文化的に受け入れられやすい土壌があります。対して、台湾では儒教的な価値観が強く、自己改善のための自己批判が重視されます。アメリカはこれらの中間に位置し、個人主義的な文化の中で自己肯定と自己批判のバランスを取ろうとします。

他方、より注目すべき発見は、セルフ・コンパッションの効果が3か国で共通していたことです。セルフ・コンパッションが高い人ほど、幸福感や生活満足度が高く、抑うつ傾向が低いという関連が、どの国でも見られました。

この一貫性は、セルフ・コンパッションが人間の基本的な心理メカニズムに働きかけている可能性を表しています。**自己批判や自己非難を和らげ、自分自身に対して思いやりを持つ姿勢は文化的背景にかかわらず、ストレスや不安を軽減し、精神的な回復力を高めます。**

さらに興味深いのは、自己観とセルフ・コンパッションの関係です。ここで言う自己観には、主に二つの種類があります。

独立的自己観は、個人を独立した存在として捉え、個性や自律性を重視します。

一方、**相互依存的自己観**は、個人を他者や集団との関係性の中で捉え、調和や協調を重視します。

一般的に、アジア文化圏では相互依存的自己観が強く、欧米では独立的自己観が強いと言われています。しかし、この研究では、個人が独立した存在として自己を捉えるか、他者との関係性の中で自己を捉えるかという自己観の違いにかかわらず、セルフ・コンパッションの効果が一貫していました。

これは、**セルフ・コンパッションが文化的な自己観の違いを超えた効果を持つ**ことを示唆しています。「自分らしさ」の意味が文化によって異なっても、自分に対する思いやりの姿勢が、心の健康や幸福感につながるという点では違いがないのです。

ネフらの研究結果は日本企業にとっても意味を持ちます。日本の文化的背景を考慮すると、決してタイのようにセルフ・コンパッションが高いわけではないでしょう。しかしそれは、日本企業がセルフ・コンパッションを取り入れる余地が大きいことを表しています。日本のセルフ・コンパッションの水準が低いとしても、それは同時に「伸びしろ」が存在するということでもあるからです。

セルフ・コンパッションの考え方を取り入れることで、日本企業の従業員は幸福感や生産性を高めることができる可能性があります。特に、アイデアの実現において、セルフ・コンパッションは重要な役割を果たします。

イノベーションの英雄談や精神論を超える

イノベーションの世界でアイデアを実現するのは難しい段階です。多くのビジネス書や成功者の体験談が、この難関を乗り越えるためのヒントを提供しています。それらの文献は、イノベーションの行路が決して簡単ではないことを示し、イノベーターが遭遇するさまざまな課題を描写しています。

技術的な壁、市場の予測困難さ、組織内の調整の難しさ、資金確保の課題など、イノベーションを進める上で避けられない要因が次々と登場します。また、試練を創意工夫で乗り越えた成功者の話も、多くの人々に勇気と希望を与えています。

そうしたアプローチは、イノベーションの実態を理解するのに役立ちます。しかし、実際にその状況に直面した人にとっては、具体的な支援が必要な場合もあります。「苦境は来る」と理解していたとしても、自分がその立場に置かれた時、どう行動すべきか迷うでしょう。

イノベーターの中には、「全力で取り組む」という姿勢で課題に立ち向かう人もいますが、長期的なイノベーションプロセスを持続的に支えるためには、さらなる工夫が必要です。「頑張る」だけでは、疲れてしまうこともあります。

この課題に対応するために、従来の知見を補完する新たな視点に注目しようというのが、本書です。セルフ・コンパッションは、アイデア実現の過程で効果を発揮し、従来のアプローチを補完します。

セルフ・コンパッションの特徴は、具体的な状況における「自己との対話」の質を変え、行動指針を提供する点にあります。例えば、重要なプレゼンテーションが期待通りの結果を得られなかった状況を考えてみましょう。

セルフ・コンパッションのアプローチでは、次のような内なる対話が可能になります。

「今回の結果から学べることがあるはず。どの部分を改善できるだろうか。この経験を今後にどう活かせるだろうか」

このような対話は、行動につながる思考を促します。課題を「後退」ではなく、「知識を得る好機」として捉え直すことで次の段階に向けた指針が生まれます。

さらに、セルフ・コンパッションは、イノベーションプロセス特有の不確実性と共存する力を育《はぐく》みます。例えば、市場の反応が予想と異なった場合、セルフ・コンパッションは次のような思考を促します。

「予想外の反応だが、これは新たな情報。この情報をもとに、どうすれば製品の改善や、イノベーションの実現プロセスを調整できるか」

こうしたアプローチは、イノベーターに行動の指針を与えます。逆境に見舞われた時に

「どうすればいいかわからない」という無力感に陥るのではなく、「次に何をすべきか」を考え、行動することができます。

セルフ・コンパッションは、イノベーションの実現プロセスを、苦難の連続ではなく、継続的な学習に変えます。厳しい状況にぶつかったとしても、自分を責めるのではなく、その状況から学び、適応する能力を養います。

この新しいアプローチは、イノベーターに武器を与えます。予測不可能な状況でも、自分自身と向き合い、前進し続けるための武器です。セルフ・コンパッションは、イノベーションの軌跡をたどる上で、頼もしい伴走者となります。

否定的な出来事からの立ち直りを助ける

アイデアの却下、プロジェクトの頓挫、想定外の問題の発生。セルフ・コンパッションがそうした否定的状況を乗り越える助けになると考えられますが、本当にそうなのでしょうか。セルフ・コンパッションが高いことは、実際にはどのような形で助けになるのでしょうか。

デューク大学のリアリーらの研究チームがこの点について調査を行いました。*12 大学生を対象に、恥ずかしい経験をした直後の反応を調べました。

具体的には、参加者に即興でスピーチを行ってもらい、それをビデオに撮影しました。準備の時間はなく、カメラの前で1分間話し続けるよう指示されます。

突然そんなことを頼まれたら、多くの人は戸惑うでしょう。頭が真っ白になったり、言葉に詰まったり、顔が赤くなったりするかもしれません。まさに恥ずかしい経験です。

課題を終えた後、参加者はパフォーマンスを評価するよう求められました。「どのくらいうまくできたと思うか」「緊張していたか」「自信を持って話せたか」などを回答します。参加者の一部は自分のビデオを見て評価を行い、別の参加者は他人のビデオを見て評価を行いました。

結果は興味深いものでした。自分のビデオを見た参加者のうち、セルフ・コンパッションが低い人は、自分のパフォーマンスを厳しく評価しました。うまくできなかった、緊張していた、自信がなかったといった具合です。

一方、セルフ・コンパッションが高い参加者は、自分のパフォーマンスをより客観的に評価していました。彼ら彼女らの自己評価は、他人が彼ら彼女らのビデオを見て評価した結果と近かったのです。

セルフ・コンパッションが高い人は、恥ずかしい経験をした直後であっても、自分を過度に下げることなく、現実的な視点を保つことができました。

ここで、ある企業で毎年開催される社内イノベーションコンテストの様子を想像してみてください。今年も多くの社員がアイデアを持って参加しました。最終選考に残った二人の社員、佐藤さんと鈴木さんに注目してみましょう。両者とも画期的な提案を行いましたが、残念ながら優勝を逃してしまいました。

佐藤さんはセルフ・コンパッションが低い傾向にあります。コンテスト後、彼は自分を責め始めました。「私のアイデアは、大したことなかった」「良いアイデアを出せなかった自分が情けない」と落ち込み、自信を失いました。

一方、鈴木さんはセルフ・コンパッションが高い傾向にあります。鈴木さんも残念がりましたが、その反応は異なっていました。「惜しかった。最終選考まで残れたということは、アイデアに価値があったということ」「今回の経験から学んで、次はもっと良いアイデアを出そう」と前向きです。

数週間後、次の社内プロジェクトの人選が行われました。佐藤さんは自信を失っていたため、手を挙げることができませんでした。一方、鈴木さんは躊躇《ちゅうちょ》することなく参加を希望し、新たな挑戦に向けて準備を始めています。

この例は、リアリーらの研究を表しています。**セルフ・コンパッションが高い人は、ネガティブな出来事を経験しても、ネガティブな感情に流されにくい**のです。**うまくいかなくても、それを自分の価値と切り離して考える**ことができます。

さらに言えば、セルフ・コンパッションが高い人は、ネガティブな出来事の後でも、ポジティブな感情を維持しやすいのです。鈴木さんのように、苦い経験をしても「次は必ずうまくいく」という気持ちを持ち続けられます。

リアリーらの研究は、セルフ・コンパッションが本当に機能することを示しています。難しい状況に遭遇しても、自分を責めすぎず、ネガティブな感情に埋もれることなく、ポジティブな姿勢を保つことができます。

失敗しても「改善」に切り替えられる

セルフ・コンパッションは、否定的な出来事からの立ち直りを助けるだけでなく、自己改善を促すことが明らかになっています。これは、イノベーションプロセスにおいて極めて重要な特性です。カリフォルニア大学のブライニスとチェンの研究は、この点に光を当てています。[*13]

四つの実験を通じて、**セルフ・コンパッションが自分への慰めだけでなく、現実的な自己認識と建設的な行動を促す**ことを証明しました。

第一の実験では、69名の大学生に自分の最大の弱点について考えてもらいました。参加者は「セルフ・コンパッション群」「自己肯定感向上群（自己肯定感を高める操作を行ったグループ）」「統制群」の三つのグループに分けられ、それぞれ異なる指示を受けました。

結果的に、**セルフ・コンパッション群は、他のグループと比べて、自分の弱点を変えられるという信念が顕著に強い**ことが明らかになりました。

この発見はイノベーションの文脈において重要です。新しいアイデアを実現するには、自分の限界や不足を認識し、それを改善していく姿勢が求められるからです。セルフ・コンパッションは、この過程をサポートできます。

第二の実験では、道徳的な過ちを犯した経験を思い出してもらい、その後の反応を観察しました。ここでも**セルフ・コンパッション群が際立った結果を示しました。過ちを率直に認め、償おうとする意欲が高く、同じ過ちを繰り返さないようにする決意も強かったの**です。

イノベーションの過程では、倫理的なジレンマに悩むことがあります。新技術の社会的影響や開発における環境配慮など、難しい判断を迫られる場面もあります。セルフ・コンパッションは、こうした状況でも建設的な対応を促すでしょう。

第三の実験では、困難な課題に直面した後の行動を観察しました。参加者には難しい語彙テストを受けてもらい、その後の自主的な学習時間を測定しました。結果は明らかで、**セルフ・コンパッション群はテスト結果が悪くても、その後に、より長時間、学習に取り**

組みました。

アイデアの実現には、予期しない障害がつきものです。そうした挫折を味わっても、学習を続けて改善に取り組まなければなりません。セルフ・コンパッションは、この粘り強さを支えることができます。

第四の実験では、参加者に自分の弱点について考えた後、誰と交流したいかを尋ねました。ここでも**セルフ・コンパッション群は特徴的な傾向を見せました。「弱点を持ちながらもそれを克服した人」を選ぶ傾向が強かった**のです。

イノベーションの実現には、多様な知識や経験を持つ人々との協力が不可欠です。セルフ・コンパッションは、自分の弱みを認識しつつ、それを克服できる人とのつながりを求める姿勢を育《はぐく》みます。

以上の結果は、セルフ・コンパッションが自己改善に与える影響の多面性を表しています。自分の短所を変えられるという信念、失敗から学ぶ姿勢、苦境に追い込まれても努力を続ける粘り強さ、そして自分を高めてくれる他者とのつながりを求めること。いずれも、イノベーションの実現に有益な要素です。

ブライニスとチェンの研究は、セルフ・コンパッションに対する一部の誤解を覆しているとも言えます。セルフ・コンパッションを単に自分を甘やかすことだと認識している人もいます。しかし実際には、自分の弱点を受け止めつつ、それを改善しようとする意欲と行動を引き出します。

セルフ・コンパッションをより自己改善につなげるには

セルフ・コンパッションは自己改善を促進しますが、イノベーションプロセスにおいては、より具体的な改善行動につなげることが求められます。セルフ・コンパッションの効果を最大化し、難局をむしろ成長のタイミングとするには、どうすれば良いのでしょうか。

セルフ・コンパッションと改善行動を結びつけるための、三つの方法とその例を紹介します。これらを取り入れることで、セルフ・コンパッションがイノベーションの武器として機能しやすくなります。

①振り返りの実践

セルフ・コンパッションをもとにした振り返りを習慣化することで、苦しい状況から学び、改善につなげることができます。ポイントは、**自己批判ではなく、自己対話を行うこと**です。

例えば、「内省ジャーナル」を作成し、自分の行動や判断、その結果について定期的に記録します。特に問題状況について、次のような質問に答えてみましょう。

- 何が起きたのか？（事実の記述）
- なぜそうなったのか？（原因の分析）
- 何を学べるか？（教訓の抽出）
- 次に同じ状況に遭遇したらどうするか？（今後の行動）

例えば、プロジェクトの進捗が遅れた場合も、「自分は無能だ」と思うのではなく、「予定より二週間遅れている。原因は、初期の要件定義が不十分だったことと、チーム内のコミュニケーション不足。この経験から、プロジェクト開始前に綿密な計画づくりが必要だということと、定期的なチームミーティングの重要性を学んだ。次回は、キックオフミーティングで要件定義を行い、週次の進捗会議を設定しよう」というように切り替えられること。この方法によって、改善行動に結びつけることができます。

②柔軟な目標調整

セルフ・コンパッションを持ちながら、状況に応じて目標を調整します。**現実的な評価に基づいて目標を見直し、行動計画を立てます。**次のようなステップを踏むと良いでしょう。

- 目標の進捗を評価する。さまざまな指標を用いて現状を把握する。
- 目標達成を妨げている要因を列挙する。内的要因（スキル不足、資源不足）と外的要因（市場環境の変化、競合の動き）の両方を考慮する。

・現状分析に基づいて目標や期限を調整する。目標を単に下げるのではなく、現実的でありながらも挑戦的な目標を設定する。

・調整後の目標に向けた行動計画を立てる。「誰が」「何を」「いつまでに」行うかを明確にする。

新製品の開発がうまく進まない場合も、諦めずに目標調整をすることで、チームのモチベーションを維持することができます。例えば、

「当初の目標は半年以内に新製品をローンチすることだったが、技術的な課題により遅れが生じた。現状分析の結果、あと3か月の追加開発期間が必要だと判断。目標を9か月以内のローンチに調整する。ただし、この遅れを挽回するため、マーケティング活動を前倒しで開始し、ローンチ後の販売目標は当初の計画通りとする。開発チームは3か月の追加期間で製品の完成度を高め、その間にマーケティングチームは事前の市場調査と広告計画の策定を行う」

と考えられるようになるということです。

③創造的なアプローチ

セルフ・コンパッションをもとに、新しいアプローチを試みます。**固定観念にとらわれず、多角的な視点で問題を捉えます。**次のような方法が活用できます。

- 問題を逆の視点から捉え直す。例えば、「どうすれば解決できるか」ではなく、「どうすれば問題をより大きくできるか」と考える。
- 異なる分野のアイデアや解決策を自分の問題に適用する。例えば、自然界の仕組みからヒントを得る。

製品の不具合に悩んでいる場合も「この不具合をさらに悪化させるにはどうすればいいか」と逆転思考で考えると、「強度を上げすぎると破損しやすくなる」と気づき、適度な柔軟性を持たせることで耐久性を向上させる解決策を思いつくかもしれません。

創造的なアプローチを試行することで、従来は思いつかなかった解決策を見出すことができます。問題解決のプロセス自体を楽しむことで、挑戦を促進することができます。

これらを実践することで、セルフ・コンパッションの効果を引き出し、失敗後の改善行動につなげることができます。振り返りによって予期せぬ事態から知見を広げ、柔軟な目標調整で改善計画を立て、創造的なアプローチで解決策を生み出すことで、セルフ・コンパッションはイノベーションプロセスにおいて意義深いものとなります。

ストレスフルな状況でも崩れない

イノベーションプロセスは高ストレスの連続です。前節で見た改善のための方法は、強いストレス下でも同じように機能するでしょうか。デイビッドソン大学のスタッツらの研究チームは、この点に着目しています。[*14]

スタッツらは、大学生462名を対象に、6か月ごとに三回にわたる調査を実施しました。この研究設計により、セルフ・コンパッションの効果の持続性を確認することができました。

調査では、セルフ・コンパッション、ストレス、そして心理的アウトカム（抑うつ、不安、ネガティブ感情、ポジティブ感情）を測定しました。ストレスと心の健康の関係がセルフ・コンパッションによってどのように調整されるかを分析しました。

結果としては、**セルフ・コンパッションが高い人は、強いストレスを感じていても、抑うつや不安といったネガティブな影響を受けにくい**ことが明らかになりました。

さらに重要なのは、この効果が6か月後も続いていたことです。これは、**セルフ・コンパッションが一時的な気分転換ではなく、長期的にストレスに対する適応力を高める**ことを表しています。イノベーションの過程で遭遇するさまざまなストレスに対して、セルフ・コンパッションは持久力のある防御壁となる可能性があります。

研究では、セルフ・コンパッションがポジティブな感情の維持にもつながることがわかりました。**セルフ・コンパッションが高い人は、ストレスフルな状況でも明るい気持ちを保ちます。**

この点は、イノベーションの過程で非常に重要です。アイデアを生み出し、それを形にしていくには、楽天的な姿勢が欠かせません。

この研究の信頼性を高めているのは、他の要因の影響を慎重に排除している点です。

例えば、ストレスに弱い傾向や前向きになりやすい傾向の影響を取り除いても、セルフ・コンパッションの効果は確認されました。セルフ・コンパッションは、「前向きな性格だから」では説明できない、独自の効果を持つのです。

研究チームは同様の調査を二年連続で行い、結果の再現性を確認しています。一年目と二年目で同じような効果が見られたことで、セルフ・コンパッションの効果がより確かなものであると言えます。

セルフ・コンパッションの効果は、調査対象の大学生の中で性別や年齢に関係なく見られました。セルフ・コンパッションの効果が幅広く有効であることを示唆しています。

イノベーションに取り組む人々にとって、この発見は意味を持つでしょう。アイデアを形にする過程で現れるさまざまな厄介事。それらは避けられないかもしれません。しかし、セルフ・コンパッションを高めることで、そうした困難に対する適応力を養い、プラス思考を保つことができます。

ネガティブな刺激から注意を切り替える

それにしても、セルフ・コンパッションの高さは、どのようなメカニズムで生まれるのでしょうか。そもそも人間の認知には一定の傾向があり、ネガティブな情報に注意が向きがちです。イエール・シンガポール国立大学のイップとトンは、この認知プロセスにセルフ・コンパッションがどう影響するかを確認しました。*15

イップとトンは「セルフ・コンパッションが高い人は、ネガティブな刺激から注意を切り替えやすいのではないか」という仮説を立てました。これを検証するため、大学生を対象に四つの実験を行いました。

第一の実験には、64名の大学生が参加しました。まず、参加者全員に自分の欠点について書いてもらい、ネガティブな感情を喚起しました。その後、参加者を二つのグループに分け、一方のグループには自分に優しく接するよう指示し（セルフ・コンパッション群）、もう一方のグループには日常的な出来事について書くよう指示しました（統制群）。

次に、全員にドット・プローブ課題という注意の測定課題を行いました。この課題では、画面上にネガティブな画像と中立的な画像が表示され、その直後にドットが現れます。参加者はドットの位置を素早く判断することが求められます。一般的に、ネガティブな画像の後はドットの位置を判断しにくくなります。これは、ネガティブな画像にとらわれて、判断が遅れるからです。

これに対して、セルフ・コンパッションを誘導されたグループは、統制群と比べてネガティブな画像からより早く注意を切り替えられることがわかりました。自分に優しくすることで、ネガティブな刺激にとらわれにくくなるのです。

第二の実験では、より強いネガティブ感情を喚起する状況でも同様の効果があるかを調べました。47名の参加者に、人生で最も恥ずかしい経験について書いてもらった後、同様の実験を行いました。結果は第一実験と同じで、セルフ・コンパッション群がネガティブ刺激からの注意の切り替えにおいて優れていました。

第三の実験では、セルフ・コンパッションの効果を他の心理的介入と比較しました。セルフ・コンパッション群、自己肯定感向上群、感情開示群という三つの群を設定し、同様の実験を行いました。結果、セルフ・コンパッション群が他の2群よりもネガティブ刺激からの注意を早く切り替えました。

第四の実験では、セルフ・コンパッションの効果を幸福感誘導と比較しました。49名の参加者を対象に実験を行い、セルフ・コンパッション群が幸福感誘導群よりもネガティブ刺激からの注意をうまく切り替えていることが確認されました。

これらの実験結果は、**セルフ・コンパッションが気分改善以上の効果を持つことを示しています。自分に優しくすることは、ネガティブな情報に対する処理を変える可能性があるのです。**

ビジネスの世界では、「失敗を恐れるな」「前を向け」とよく言われますが、実行するのは難しいものです。セルフ・コンパッションは、そのための方法を提供してくれます。

ストレスへの強さは生理学的にも検証されている

セルフ・コンパッションの効果は、心理面だけでなく身体の反応にも現れます。

中国の西華師範大学のルオらの研究チームは、セルフ・コンパッションが生理学的なストレス反応にどのような影響を与えるかを調べました。[*16] 34名の男性を対象に実験を行いました。

実験の流れとしては、まず、参加者全員のセルフ・コンパッションの程度を測定しました。その結果に基づいて、参加者をセルフ・コンパッションが高いグループ（17名）と低いグループ（17名）に分けました。

次に、参加者はトリア社会的ストレステスト（TSST）という課題に取り組みました。このテストは、参加者に強いストレスを与えることを目的としています。突然、面接官の前でスピーチを行い、その後、難しい暗算問題に取り組むといった内容です。多くの人にとって、こうした状況はプレッシャーとなります。

実験中、参加者の生理学的な反応が継続的に測定されました。具体的には、心拍数と心拍変動（ＨＲＶ）を記録します。ＨＲＶは、心臓の拍動と拍動の間隔がどれだけ変動しているかを表す指標です。一般的に、ＨＲＶが高いほどストレスへの適応力が高いとされ、逆に強いストレス下ではＨＲＶが低下する傾向があります。

実験では、安静時（ベースライン）、ストレステスト前の準備期間（予期）、スピーチと暗算課題（ストレス負荷）、そして回復期の4段階でＨＲＶを測定しました。

実験の結果、**セルフ・コンパッションが高いグループは**、低いグループと比べてベースライン時のＨＲＶが有意に高いことがわかりました。これは、**普段からストレス耐性が高い可能性**を表しています。

さらに、ストレス負荷時には両グループともＨＲＶが低下し、セルフ・コンパッションが低いグループはそのまま回復がみられませんでした。

一方で、セルフ・コンパッション高いグループはＨＲＶが回復し、その効果は回復期にも維持されており、**ストレスからの回復力が高い**ことがわかりました。

セルフ・コンパッションは「気の持ちよう」ではなく、身体にも作用します。自分に対して思いやりを持つ姿勢が、ストレスへの耐性を高め、回復力を向上させます。

イノベーションの実現には、長期にわたる取り組みが必要です。その過程で表出するストレスに対して、セルフ・コンパッションは生理学的にも有効な対処法となります。自分自身に思いやりを持つことは、困難に立ち向かう強さを生み出すのです。

逆境経験が思いやりの心を高める

最新の研究によると、逆境を経験すると私たちの心に変化が起こり、それがイノベーションの原動力になり得ます。

アメリカのアデルフィ大学のリムとデステノは、逆境経験とコンパッションの関係について検討しました。[*17] 研究によると、厳しい逆境を経験した人ほど他者に対する思いやりの心が高まります。この背後には「罪悪感」という感情が作用していました。

研究チームは三つの実験を行い、この現象を詳しく調べました。

第一の実験では、125名の参加者に三週間にわたって毎日の感情を記録してもらいました。その結果、過去に厳しい逆境を経験した人ほど、日々の生活の中で罪悪感とコンパッションを覚えていることがわかりました。

第二の実験では、さらに踏み込んだ方法を取りました。126名の参加者にスーダン・ダルフールの紛争に関するプレゼンテーションを見せ、その後の感情を測定します。ここでも、逆境経験が多い人ほど強い罪悪感とコンパッションを示しました。

しかし、これだけでは因果関係を証明するには不十分です。

そこで研究チームは、第三の実験を考案しました。100名の参加者を二つのグループに分け、一方のグループには罪悪感を抱かせる状況を作り出します。実験室のドアを開けた時に偶然スタッフとぶつかってパズルを落としてしまう場面を演出しました。もう一方のグループは、その様子を観察するだけです。

結果は研究チームの予想を裏付けるものでした。逆境経験が多い人ほど、事故を起こした際に強い罪悪感を覚え、それが高いコンパッションにつながりました。一方、事故を観察しただけのグループでは、逆境経験とコンパッションの間にそのような関係は見られませんでした。

これらの研究結果は、イノベーションに取り組む人々にとって含意があります。というのも、イノベーションプロセスそのものが逆境体験となる可能性があるからです。

例えば、新規事業の立ち上げに挑戦し、何度も苦しい経験をする。または、アイデアを社内で提案し、強い反対に遭う。これらは一種の「逆境」と言えなくもありません。逆境を乗り越えていく過程でコンパッションが強化される可能性があります。イノベーションへの挑戦そのものが私たちをより思いやりのある人間へ変化させるかもしれません。

高まったコンパッションは、イノベーションの取り組みをサポートするでしょう。コンパッションを他者や自分に向けることで、協力を得やすくなったり、つらい時にも適応的に振る舞えたりします。

すなわち、イノベーションプロセスと逆境経験、そしてコンパッションの間には、正の循環が生まれる可能性があります。イノベーションへの挑戦が逆境を生み、その克服がコンパッションを高め、高まったコンパッションがイノベーションを支えるということです。

ただし、注意が必要です。過度に厳しい状況や罪悪感は心理的な負担となり、パフォーマンスの低下を招く恐れがあります。重要なのは、逆境を昇華し、それを思いやりにつなげていくことです。

逆境がコンパッションを高めるという研究結果は、イノベーションに伴う困難を避けるのではなく、それを飛躍の礎として受け止める勇気を私たちに与えてくれます。その経験を通じて育《はぐく》まれた思いやりが、イノベーションの実現を支えるのです。

自分への思いやりから周囲の巻き込みへ

新しいアイデアを持って航海に出ても、予期せぬ困難が出現します。そんな中で、自分自身への思いやり、つまりセルフ・コンパッションが支えとなります。しかし、目標を達成するためには、それだけでは足りません。「仲間たちの協力」が必要になります。

あるＩＴ企業において、事業開発部門の主任が、マーケティング・オートメーション・

システムの開発を提案しました。システムはＡＩを使って顧客の行動データをリアルタイムで分析し、最適なタイミングと内容で自動的にアクションを実行できるものです。主任は、システムが顧客企業の成果を向上させると確信していました。

しかし、提案に対する反応は予想外でした。「そんな大規模なプロジェクトが、本当に必要なのか」「ＡＩなんて使いこなせるのか」「今のやり方で十分だと思う」「顧客がそんな新しいことを望んでいるとは思えない」などの声が相次ぎ、主任は戸惑います。そして「自分の判断が甘かったのかも」と考えました。

ここで重要なのがセルフ・コンパッションです。自分を責めるのではなく、「新しい提案に対する戸惑いは当然のこと。成長するチャンスだ」と考え直します。主任は自分に語りかけました。

「皆が反対しているのは、会社の将来を真剣に考えているからとも言える。丁寧に対応していこう。提案に価値があるなら、皆にも伝わるはず」

自分への思いやりは、諦めずに前に進む力となります。しかし、ここからが肝心です。セルフ・コンパッションだけではアイデアを実現できません。自分への思いやりを、周囲への思いやりへと広げる必要があります。

主任は、同僚たちの戸惑いや不安に耳を傾けました。「皆さんの懸念はごもっともです。一緒に考えましょう」という姿勢で対話を重ねます。

まず、顧客企業の現状と課題について意見交換を行いました。「現在のやり方にも良い点はたくさんあります。一方で、こういった課題もあります」と現状の問題点を共有しました。

次に、新システムがどのように課題を解決し、顧客にどんな価値をもたらすかを説明しました。「ＡＩは確かに最先端技術ですが、人間的なアプローチと組み合わせることで、効果的になります」と強調します。

さらに、導入に伴うリスクや懸念事項について議論する場を設けました。「皆さんの心配は私も同じです。対策を考えましょう」と問題解決を促します。

こうして、周囲への思いやりを示すことで協力者が増えていきました。当初は戸惑っていた人々も、アイデアの実現に向けて力を貸してくれるようになったのです。

営業部門からは「顧客のニーズが変化している。新しいプロダクトなら差別化できるかもしれない」という声が上がります。

IT部門からは「段階的に開発すれば、リスクを抑えられそう」という案が出ました。ベテラン社員たちも「経験とAIを組み合わせると、もっと効果的なマーケティングができる」と前向きな姿勢を見せ始めます。

とはいえ、導入プロセスは長く険しいものです。最初の6か月はトライアルを実施しました。結果は期待通りではありませんでしたが、貴重な教訓を得ることができました。

次の一年間はシステムの改良に取り組みます。アルゴリズムの調整、プロセスの再構築、従業員のトレーニングなど、多岐にわたる作業が行われました。この間、予想外の問題や反発も生じましたが、主任は諦めずに対話を続け、一つずつ解決していきます。

二年目の終わりに差しかかる頃、システムが本格的に稼働できるようになりました。システムをリリースしたところ、顧客企業からの評価は上々という結果で、主任の夢は、多くの人々の協力と二年間の努力によって、現実のものとなり始めました。

この例が示すように、イノベーションの実現には、自分への思いやりと同時に、周囲への思いやりが欠かせません。そして、それを長期間維持しなければなりません。セルフ・コンパッションは、抵抗に対峙しても諦めない力を与えてくれる一方、他者へのコンパッションは、アイデアを形にするための協力と資源を引き寄せます。

自分のアイデアに固執せず、周囲の懸念に耳を傾け、共に解決策を探る姿勢が、イノベーションの実現可能性を高めます。多くの人の力を結集すれば、大きな成果を生み出せます。自分への思いやりを起点に、周囲への思いやりへと広げることで、小さな一歩から始まった挑戦が大きな波となり、組織全体を新しい地平へと導いていきます。

コンパッションを自己から他者へと広げる秘訣

イノベーションを実現するためには、自分自身への思いやりを起点にして、それを周囲の人々への思いやりへと広げていくことが重要です。

セルフ・コンパッションから他者へのコンパッションへと発展させ、組織の資源を動員する方法について考えましょう。

①自己理解を深め、強みを活かす

まずは、自分の長所や短所を見つめ直します。セルフ・コンパッションを実践することで、自己批判をせずに自分の特性を受け入れることができます。自己理解をもとに、他者の長所や短所も同様に受け入れれば、互いの強みを活かす関係を築くことができます。

例えば、新製品開発プロジェクトで、自分はアイデアを出すのが得意だが、細かい作業は苦手だと認識したら、「それでいい」と自分を受け入れます。その上で、緻密な作業が得意な同僚の強みを認め、「私のアイデアを形にするためには、あなたの緻密さが必要です。一緒に取り組みませんか」などと声をかけると良いでしょう。互いの強みを活かした協力関係が生まれ、プロジェクトに必要な人的資源を動員できます。

②傾聴の力で情報の宝庫を開く

相手の言葉に耳を傾けることで、発見が生まれます。自分の内なる声に耳を傾ける習慣を、他者の声を聴くことに応用します。自分の意見や感情を大切に扱うのと同じように、他者の意見や感情も尊重し、傾聴します。

例えば、新技術導入の会議において懸念が示された時、まず自分の不安や焦りの感情に気づき、それを受け入れます。その上で、「相手の懸念にも同じように価値がある」と認識し、「その懸念について、具体的な事例やデータを教えていただけますか」と質問します。こうした態度は、相手の知見を貴重な情報として活用することにつながります。

③他者の靴を履いて組織を見渡す

自分とは異なる立場からの視点を取り入れましょう。セルフ・コンパッションで培った客観性を、他者の視点に立って考えることにも活かします。自分の感情や思考を観察するのと同様に、他者の視点から状況を観察することで、組織全体の資源最適化につなげます。

例えば、新製品のアイデアに製造部門が難色を示した時、自分の焦りや苛立ちを認識し、受け入れます。その上で、「製造部門の立場だったら、どんな設備投資や人材育成が必要になるだろう」と考えます。こうした見方によって、「製造部門の不安も理解できる。一緒に解決策を見つけよう」という姿勢が生まれます。

④失敗を組織の財産にする

失敗を恐れず、そこから学ぶ姿勢を組織の中で共有しましょう。自分の価値と切り離して失敗を捉える習慣を組織に広げます。自分がつまずいても、それを過度に恥じたり自己批判したりせずに学習の場とするように、組織の失敗も非難ではなく発展の機会とします。

例えば、新規事業の撤退後、関係者全員が自己批判に陥らないようにします。その上で、「失敗から学ぶ」セッションを開き、「この経験から何を学べるだろうか」と問いかけます。失敗を恐れない風土を醸成し、イノベーション能力を高めます。

⑤多様性の力で総合力を引き出す

異なる専門性や視点を持つ人々との協働を促進します。自分の多面性を受け入れる態度を組織の多様性にも適用し、組織内のさまざまな専門性や視点を統合します。

例えば、部門横断の会議を開催する際、「自分にも得意不得意がある」と認識します。その上で、「他部門にも同じように独自の強みがあるはずだ」と考え、「皆さんの専門知識を合わせれば、素晴らしい策が生まれるはずです」と呼びかけます。社内の分散した知識や技術を活用し、イノベーションの実現可能性を高めます。

⑥感謝の表現で貢献を促す

他者の努力や貢献を認め、感謝の気持ちを伝えましょう。自分の小さな進歩を承認する態度を他者にも広げ、周囲の貢献も認識し、感謝を言葉にします。

例えば、長期の研究開発プロジェクトの成功時、自分の貢献を認識し、自分に感謝します。その上で、「皆さんの専門知識と粘り強さが、この技術を可能にしました。ありがとうございます」とメンバーに伝えます。感謝の表明は、メンバーの貢献実感を高め、次に向けて自発的に時間や知識を投入するモチベーションをもたらします。

これらの方法は、セルフ・コンパッションから他者へのコンパッションへと発展させ、組織の資源を動員する手段です。しかし、ここで紹介した方法が常に即効性のある特効薬として機能するわけではありません。状況によっては、うまくいかないこともあるでしょう。

にもかかわらず、これらの方法を知っておくことで適宜、試すことができます。うまくいかなかった場合も、別のアプローチを試してみるなど、根気よく取り組みましょう。

重要なのは、このプロセス全体を支えるセルフ・コンパッションです。他者へのコンパッションを示そうとしてうまくいかなかった場合でも、自分自身を責めず、「誰でも最初からうまくはいかない」と自分に思いやりを持つことができます。

セルフ・コンパッションがあれば、たとえうまくいかない経験をしても、それを気づきのきっかけとすることができます。「次はこうしてみよう」「別のアプローチを試してみよう」と、イノベーションの実現に向けて前進することができるのです。

反対者を説得するより賛同者を探す

イノベーションを実現するためには、まず自分自身を大切にし、その気持ちを周りにも広げ、組織の資源を活用することが大切です。しかし、つまずきがちなポイントがあります。それは、反対者を説得することに集中しすぎてしまうことです。

アイデアを提案すると、反対意見が出てきます。多くの人は、反対者を説得して意見を変えさせようとします。反対意見がストレスになり、相手の考えを変えたいと思うからです。しかしこれは多くの場合、効果的ではなく、エネルギーを無駄遣いすることになります。

反対者を説得するのが難しい理由の一つに、人は現状を維持したがるという傾向が挙げられます。たとえ新しい方法が良い結果をもたらす可能性があっても、慣れ親しんだ現状を進んで変えようとはしません。

そうした作用は、組織の中では特に強く働きます。既存のプロセスや方法には、長年の経験や試行錯誤が詰まっています。それを変えることは、単に方法を変えるだけでなく、社内の権力関係や各人の役割、さらにはアイデンティティにまで影響を及ぼします。そのため、アイデアへの抵抗は、論理的な反対以上に根深いものとなるのです。

このような理由から、反対者を説得することは難しく、時間とエネルギーを膨大に消費してしまいます。そして、期待した成果はなかなか得られません。

では、どうすれば良いのでしょうか。**反対者を説得するのではなく、賛同者を探すことをおすすめします。**

組織にはさまざまな人がいます。アイデアに共感し、支持してくれる人もいるはずです。そうした人々を見つけ出し、仲間を少しずつ増やしていきます。この方法には、いくつかの利点があります。

まず、賛同者と話すことで、ポジティブなエネルギーをもらえます。反対者との議論は消耗しますが、賛同者との対話は励みになります。イノベーションの長い行程を進み続けるためには、ポジティブなエネルギーが不可欠です。

賛同者を増やすことで、アイデアの実現可能性も高まります。社内で支持者が増えれば、必要な資源を獲得しやすくなります。予算、人員、設備など、イノベーションに必要な手段を確保しやすくなるのです。

さらに、賛同者との対話を通じて、アイデアを洗練させることができます。賛同者はアイデアに共感しているため、良質な意見を提供してくれます。フィードバックを取り入れることで、アイデアの質を向上させることができます。

賛同者を探す方法としては、次のようなものがあります。

・さまざまな場面で自分のアイデアについて話す。社内の勉強会や懇親会など、フォーマル／インフォーマルを問わず、機会があればアイデアを共有する。

・「このアイデアについてどう思いますか」といったオープンな質問をする。相手の反応から、賛同の可能性を探る。

・相手の意見や感想をしっかりと聞く。たとえ完全な賛同でなくても、部分的に共感してくれる点を見つけられるかもしれない。

・完全な協力を求めるのではなく、小さな要請から始める。例えば、「このアイデアについて、もう少し詳しく話を聞いてもらえませんか」といった具合に。

・似たようなアイデアが他社や他部門で成功した事例があれば、それを共有する。成功事例は人々の共感を得やすい。

・自分の所属部門以外の人々ともつながりを持つ。異なる視点を持つ人々の中に、意外な賛同者が見つかるかもしれない。

大切なのは、このプロセスを粘り強く続けることです。一朝一夕に大勢の賛同者が現れるわけではありません。しかし、着実に仲間を増やしていくことで、組織全体を動かす力となっていきます。

他方で、もちろん、反対意見を完全に無視すべきだというわけではありません。反対意見から学ぶ姿勢を持つことが、イノベーションの実現においては重要です。この姿勢は、自分を大切にするセルフ・コンパッションの考え方とも結びついています。

セルフ・コンパッションは、自分の弱みや限界を受け入れ、それを鍛錬の契機として捉えます。同様に、反対意見も自分のアイデアの「伸びしろ」を指摘してくれるものとして受け止めることができます。反対意見を個人攻撃や敗北として捉えるのではなく、アイデアを修正するための情報源として見ることができるのです。

反対意見から学ぶことによって、さまざまな利点が得られます。

- 反対者は、自分が気づいていない問題点を指摘してくれる可能性がある。これらの指摘を真摯に受け止めることで、アイデアを強固なものにできる。
- 反対意見は、自分とは異なる視点や経験に基づいていることが多い。これらの視点を理解することで、アイデアの適用範囲を広げたり、新たな可能性を見出したりすることができる。
- 反対意見に対応することで、自分のアイデアをより明確に、説得力を持って説明する能力が磨かれる。将来的に賛同者を増やす上でも役立つ。

・反対意見の背景には、組織の文化や制約などが反映されていることがある。これらを理解することで、アイデアを組織の文脈に合わせて調整しやすくなる。

・反対意見を受け止め、それに基づいてアイデアを修正する過程で、柔軟性と適応力が培われる。イノベーションの長い道筋をたどる上で有益なスキルとなる。

イノベーションの実現には、長い時間と多くの努力が必要です。その進路を歩み続けるためには、自分のことを支持し、励ましてくれる仲間がいなければなりません。反対者との消耗戦に陥るのではなく、賛同者を見つけ、仲間を増やしていく。そうすることで、イノベーションの実現に向けた基盤を築くことができます。

同時に、反対意見を学びの機会として捉え、それを活かしてアイデアを進化させていく。この両面的なアプローチが、イノベーションの実現につながります。

第3章

コンパッションはイノベーションにどう効果的なのか

コンパッションがイノベーションに与える影響

イノベーションにおいては、アイデアを生み出すだけでなく、それを形にすることが求められます。イノベーションのプロセスは「生成」「推進」「実現」という三つの段階に分かれます。アイデアの生成はできても、それを推進し、実現する段階で苦労します。

これまで、イノベーションの実現過程については、成功者の話や精神論に頼るしかありませんでした。この過程には多くの困難が伴います。

社内の反対意見、予算や人員の不足、技術的な課題、市場ニーズの不透明さなど、さまざまな障壁が立ちはだかります。マネジャーの判断ミスや同僚の嫉妬、組織の慣性も、アイデアの推進や実現を妨げる要因です。

これらの課題を克服するためには、創造性だけでなく、持続的な努力と柔軟な対応が必要です。本書では、このイノベーション実現のプロセスを理解し、効果的に進めるための方法として、「セルフ・コンパッション」を紹介しています。

セルフ・コンパッションは、

自分に優しく接する「**セルフ・カインドネス**」
自分の経験を人類共通のものと認識する「**コモン・ヒューマニティ**」
現在の経験に判断を加えずに意識を向ける「**マインドフルネス**」

という3要素から成り立ちます。これらがイノベーションプロセスを支える武器となります。

セルフ・コンパッションは、挫折感を味わっても自己批判に陥らず、それを見直しのタイミングとして捉える余力を与えてくれます。例えば、プロジェクトが反発を食らった時、セルフ・コンパッションの高い人は、その反発を個人攻撃とせず、フィードバックとして受け止めることができます。

セルフ・コンパッションは長期的な視点を持つことも助けます。イノベーションの実現には時間がかかり、不確実性が不可避ですが、セルフ・コンパッションによって短期的な結果にとらわれず、大局的な視点を保つことができます。うまくいかない場合でも、実現に向けて取り組むことができます。

セルフ・コンパッションの意義は多岐にわたります。

まず、期待通りにいかないことへの恐れを軽減します。イノベーションはリスクを伴いますが、セルフ・コンパッションは失敗を学びのきっかけと捉え、新たな試みに踏み出すことを可能にします。

次に、回復力を高めます。イノベーションの過程で予期せぬ障害に遭遇しても、セルフ・コンパッションがあれば、立ち直り、前進することができます。自己批判や過度のプレッシャーを和らげることで、しなやかな思考を促進します。

セルフ・コンパッションはストレス管理にも有効です。イノベーションの実現には高いストレスが伴いますが、セルフ・コンパッションはストレスにうまく対処することで、持続的な取り組みを支えます。フィードバックの受容性も高まり、多くの意見を有益な情報として受容することができます。

セルフ・コンパッションの効果は個人の内面にとどまりません。他者へのコンパッションへと広がっていきます。この広がりは、イノベーションの実現に求められる資源の動員において有効に作用します。

セルフ・コンパッションを持つ人は他者の視点や感情を察知するため、社内の効果的なコミュニケーションが可能になります。イノベーションの実現には、複数の部門の協力が必要です。他者へのコンパッションは、協力関係を円滑にします。

他者へのコンパッションは、対立や摩擦を解決することにもつながります。異なる意見の衝突を、敵対ではなく相互学習の場として活かすことができます。アイデアがより洗練されたものになるでしょう。

さて、ここからはいくつかの事例を見ていきましょう。イノベーションの現場でコンパッションがどう役立つのか、具体的なケースを通じて探っていきます。ケースを見ていくことで、コンパッションの効果がより深く理解できるはずです。

ケース1：上司に提案を全否定される

提案の経緯と過程

文房具メーカーの商品企画部で働く佐藤さんは、デジタル時代に合った文房具のアイデアを思いつきました。従来の紙の良さを活かしつつ、デジタル機能を組み合わせた商品のアイデアです。

具体的には、電子ペーパーや付箋に手書きでメモを記入し、それらを、デジタルデータとして、相手のスマホやＰＣに送付できる電子式のメモパッドでした。

佐藤さんは「Ｚ世代の若者たちがスマホばかりではなく、手で書くことの良さを発見し、肉筆のメッセージに新鮮さや喜びを感じてくれるかもしれない」と、このアイデアにワクワクしていました。夜遅くまで企画書を練り上げ、緊張しながらも期待を胸に、部門会議で田中マネジャーに提案したところ、田中マネジャーの反応は…

「佐藤さん、アイデアは面白いけど、当社にそんな技術はないし、開発にはお金もかかる。それに、紙とデジタルを組み合わせる必要があるのか。今ある紙の商品を改善するほうが現実的だと思うよ」

マネジャーが否定した理由

田中マネジャーの反応の背景には、会社が長年続けてきた紙の文房具作りの方法を変えることへの抵抗感がありました。また、アイデアが成功するかどうかの確信も持てません。デジタル技術を取り入れることで、現在の部署や個々人の役割が変わってしまう可能性もあり、それも心配していました。さらに、この提案が自分の評価にどう影響するかも気になっています。

コンパッションによるアプローチ

田中マネジャーの反応を聞いた佐藤さんは気落ちし、「自分のアイデアはダメだったのか」

と自信が揺らぎました。しかし、自分に思いやりを持つことの大切さを思い出し、自分に語りかけました。

「正直、がっかりした。けれどそれは普通のこと。新しいアイデアに対する反対は珍しくない。この経験から何が学べるか」

佐藤さんは状況を分析します。技術面の課題、コストの問題、市場ニーズの不透明さなど、田中マネジャーの指摘には納得できる部分がありました。これらの課題に対処することで、アイデアを現実的なものにできるかもしれません。

佐藤さんはアイデアを改良し始めます。ＩＴ部門と相談し、既存の技術で実現可能な機能を特定しました。商品開発部門の協力を得て、開発コストと販売価格の試算を行います。さらに、マーケティング部門と連携し、若手社員を中心とした簡易の市場調査を実施。潜在的な需要を把握しました。

佐藤さんは、改良したアイデアを再提案する準備を整えています。マネジャーの反応は予測できませんが、以前よりも実現可能性の高い提案ができると感じています。たとえ今回も承認されなくても、この過程で得た教訓は、今後の糧になるでしょう。

ケース2：アイデアに周囲から猛反発

提案の経緯と過程

鈴木さんはアパレルメーカーの企画部で働いています。毎月定額で最新のファッションアイテムを借りられ、気に入ったものは購入できるという衣料品のサブスクリプションサービスを思いつきました。「若い世代の消費者に喜ばれるだろう」鈴木さんはそう考えていました。

正式な企画会議で提案する前に、まずはランチタイムに同僚たちにアイデアを話してみることにしたのです。

周囲からの反発とその理由

しかし、鈴木さんの予想に反して、同僚たちは慎重なリアクションを見せました。

ベテラン社員の田中さんは、「既存の販売方式との調整が難しいのでは」と懸念を表明します。

入社二年目の佐藤さんは、「今の販売方法でもお客様は満足しているように思いますが…」と疑問を投げかけました。

隣の席の高橋さんは、「まずは今のブランド戦略を進めることが大切かなと」とアドバイスします。

たまたま近くにいた山田課長も会話に加わり、「在庫管理や店舗運営が複雑になりそうだね。その点はどう考えているの？」と実務的な質問をされました。

コンパッションによるアプローチ

鈴木さんは、周囲の反応に落胆します。自分のアイデアが受け入れられると思っていたからです。しかし、自分を責めずに「新しいアイデアに対する慎重な反応は自然なことだ」と自分に言い聞かせました。

鈴木さんは同僚たちの意見を自分への批判ではなく、「フィードバック」と解釈しました。この姿勢により、鈴木さんは自己批判に陥ることなくアイデアの改善に集中できたのです。

鈴木さんは同僚たちの意見を参考にして、アイデアを練り直します。特に、既存の販売方式との共存や在庫管理の問題について検討しました。

また、小規模なテスト運用の可能性も検討し、「まずは一部の商品ラインや限定された顧客層で試してみる」というステップを考えます。

この経験を通じて、鈴木さんはアイデアの実現には時間がかかることを理解し、焦らずに進むことの重要性を実感しました。自分への思いやりが、イノベーションの実現に向けた持続的な努力を可能にしたのです。

ケース3：試作品の失敗で批判

プロジェクトの背景と市場テスト

家電メーカーの佐々木さんは、家庭用掃除ロボットの開発プロジェクトのリーダーです。競合他社に遅れを取っている状況を打開するため、独自の機能を備えた新製品の開発に専心していました。佐々木さんは、ユーザーの声を反映させるため、試作機を市場に投入して使用状況からフィードバックを得ることを提案します。上司の許可を得て、20台の試作機を抽選で選ばれたモニターに二週間無料で使用してもらうことになりました。

試行の結果と会議での批判

ところが、試作機の結果は芳しくありません。多くのモニターから「掃除の仕上がりが悪い」「操作が複雑で使いにくい」「バッテリーの持ちがイマイチ」といった厳しい評価が寄せられました。

結果を受けて開かれた部門会議で、佐々木さんは上司や同僚から批判を浴びます。

「なぜもっと十分なテストをしてから市場に出さなかったのか」

「会社のブランドイメージを傷つけた」

「当社の遅れを取り戻せるどころか、さらに後退してしまった」

佐々木さんはショックを受けます。「自分の判断ミスで会社に迷惑をかけてしまった。プロジェクトリーダーとして失格だ」と自分を責めました。

コンパッションによるアプローチ

批判の嵐が去った後、佐々木さんは会議室に一人残りました。窓の外を見つめながら長く息を吸い込み、自分に優しく語りかけ始めます。

「結果は期待通りではなかった。でも、これは新しい挑戦。うまくいかなかった経験から学ぶことで、より良い製品になるはず」

佐々木さんは自分の感情に向き合い、落胆、後悔、不安といった感情が渦巻いていることを認識しました。しかし、感情に飲み込まれるのではなく、「この状況であれば、誰でも同じように感じるに違いない」と自分に言い聞かせます。

次に、佐々木さんは今回の事態を見直すことにしました。ノートを取り出し、モニターからのフィードバックを一つ一つ書き出し、厳しい評価も改善点として前向きに捉えるよう心がけます。

「この意見は、製品の弱点を示してくれている。ありがたい指摘」

「ここで指摘されている問題は、他の多くのユーザーも感じているかもしれない」

自分を責めるのではなく、この経験から学ぼうとする姿勢が打開策を生み出すきっかけとなりました。佐々木さんはつまずきを個人的な欠点としてではなく、製品開発プロセスの一部として捉えます。

「早期に市場の声を聞けたことは良かった」

自己対話を通じて佐々木さんは平静を取り戻しました。自分への思いやりが次の一歩を踏み出す勇気を与えたのです。

ケース4：アイデア倒れで、周りの協力を得られず失敗

提案の経緯と過程

タクシー会社の営業企画部で働く加藤さんは、配車アプリの改善案を考えました。乗客の趣味や目的に合わせてドライバーをマッチングさせる機能を追加するアイデアです。例えば、野球好きの乗客には野球に詳しいドライバーを、ビジネス目的の乗客にはビジネス街に詳しいドライバーを配車するというものです。

加藤さんは、このアイデアで顧客満足度が向上し、リピート率も上がると考えていました。企画書を作成し、部長に提案しましたが、部長からは「システム開発に時間とコストがかかる」と言われました。それでも諦めきれず、加藤さんは自ら行動を起こすことにしました。IT部門に相談し、開発の見積を取ったり、ドライバーや乗客にインタビューしたりして、アイデアの実現性を高めようと努力しました。

人のせいにする様子

しかし、思うように進展しません。加藤さんは焦りを感じ始めます。IT部門からの返事は遅く、「忙しいから」という理由で見積が出てきません。ドライバーへのインタビューも、「シフトの都合がつかない」と言われ、なかなか実施できません。

数週間後、再び部長に報告するタイミングがありました。加藤さんは言います。

「IT部門が協力的ではないので、見積が取れていません。ドライバーも時間を合わせてくれず、インタビューができません。このままではアイデアは実現できません」

部長は「言い訳に聞こえる」と指摘しました。加藤さんは反論します。

「でも、みんなが協力してくれないんです。私一人では無理です」

加藤さんは自分の無力感と周囲への不満を募らせていきました。

コンパッションによるアプローチ

加藤さんが落ち込んでいると、先輩が声をかけてきました。

「大変そうだね。でも、新しいことを始めようとすると、みんな最初は戸惑うものだ。自分を責めすぎないことが大切だよ」

この言葉をきっかけに、加藤さんは自分の態度を振り返りました。「焦りすぎていたかもしれない。他の人の視点に立って考えていなかった」と気づきます。

加藤さんは、自分に対して優しく語りかけました。

「アイデアの実現は簡単ではない。誰にでも起こること。一歩ずつ進めていこう」

加藤さんの心に余裕が生まれます。ＩＴ部門の忙しさを理解し、先方の都合に合わせてミーティングを設定。ドライバーには、シフトの合間にインタビューできるよう対応しました。

少しずつですが、協力者が増えていきます。ＩＴ部門からは概算の見積が出され、数名のドライバーからは前向きな意見が得られました。

加藤さんは、貴重な情報をもとに、プランを練り直しています。「みんなの協力があってこそ、イノベーションは実現できる」という認識のもと、周囲との関係を大切にしながら、アイデアを推進していく決意を新たにしました。

ケース5：周囲の理解や協力を得られない

提案の経緯と過程

大手電機メーカーの人事部で新卒採用を担当する木村さんは、今までの採用プロセスを変えるアイデアを温めていました。オンラインのゲーミフィケーションを使って、学生の問題解決力やチームワーク、創造性を評価するという方法です。

木村さんは、この方法が多様な人材の発掘と、適切な配属につながると信じています。「従来の面接や筆記試験で見逃していた才能を発見でき、学生側も楽しみながら仕事の内容を体験できる」と考えていました。

二週間かけて企画書を作成し、部内の会議で提案しましたが、好意的な反応は返ってきませんでした。

「ゲームの結果で人物を判断するなんて」

「学生は遊んでいるだけで、本当の適性はわからないのでは」

木村さんは言葉に詰まりました。

周囲の立て続けの反応

木村さんは自分のデスクに戻り、ＰＣの画面をぼんやりと見つめていました。すると、隣の席の同僚が「木村さん、さっきの提案、面白かったけどね」と言いながら、苦笑いを浮かべます。木村さんは返す言葉が見つかりませんでした。

昼食時、いつものメンバーと社員食堂に向かいましたが、会話に入る隙がありません。みんな別の話題で盛り上がっており、木村さんの提案のことは、誰も気にしていないようです。

午後、コピー機の前で先輩社員と出くわしました。「木村くん、アイデアを出すのはいいことだけど、もう少し現実的に考えないとね」と言われ、肩を叩かれます。優しい言葉のようでいて、どこか突き放されたような気がしました。

帰宅途中の電車内で、同期からメッセージが届きます。「今日の木村の提案、ビックリしたよ。でも楽しそうだったね」と。励ましのつもりかもしれませんが、木村さんには皮肉にしか聞こえません。

翌朝のミーティングで、部長が「アイデアは大切だが、慎重に検討する必要がある」と一般論を述べました。木村さんは、自分の提案を暗に批判されているような気がして、顔が熱くなります。

木村さんは自信を失っていきました。「自分のアイデアは的外れだったのか」「誰も理解してくれない」という思いが募ります。

コンパッションによるアプローチ

週末、木村さんは自宅で一人、この一週間の出来事を振り返っていました。そして、ため息をつきます。「やっぱり、自分のアイデアは間違っていたのかな」

そんな時、ふと思い出したのは、二年前に退職した高田さんの言葉でした。高田さんは、社内で新しい人材育成システムを提案し、実現させた人物です。

木村さんは、高田さんが退職前に言った言葉を思い出しました。

「新しいことをするのは本当に大変なんだ。私も最初は誰にも理解されなかった。でも、それは当たり前なんだよ。大切なのは諦めないこと。自分の情熱を大切にするといい」

この言葉を思い出した木村さんは、息を吸い込みました。

「そうだ。アイデアが即座に受け入れられないのは、当たり前。長年の実績がある現行の方法を急に変えるのは難しい」

続けて、こう考えます。「それは自分のアイデアが間違っているということではない。この経験から得られることがあるはずだ」

木村さんは、自分の気持ちを観察してみました。落胆や挫折感はまだありますが、それと同時に、アイデアに対する熱意も健在であることに気づきます。

「自分を責める必要はない。未知の領域に挑む覚悟を持てたことは誇るべきだ」

そう自分に言い聞かせると、心が軽くなりました。木村さんは、今回の経験からの教訓を書き出します。その中に、自分のアイデアを良いものにするヒントが隠れていることに気づきました。

「みんなの反応は、改善のためのフィードバックだったのか。高田さんも、きっとこんな過程を経て、アイデアを実現させたんだろう」

ケース6：多忙を理由に二の次にされる

提案の経緯と過程

教育ベンチャーのコンテンツ開発部で働く林さんは、学習アプリを企画しています。ユーザーの学習進捗や日常生活のパターンを分析し、最適なタイミングで短時間の学習コンテンツを提供するアプリです。忙しい社会人や学生が、隙間時間を活用して学習を続けられると確信していました。

林さんは、このアイデアを形にするため、部長に話します。しかし、部長は「今は手が回らない。来月の教育ＩＴフェアの準備もあるし、英語学習プログラムのリリースも控えている。投資家向けの四半期報告会もある。落ち着いたら話そう」と言いました。

忙しさを理由に後回しにされた状況

林さんはがっかりしました。アイデア自体は否定されなかったものの、忙しさを理由に優先順位を下げられたのです。数週間後、再度提案しようとしましたが、今度は新学期向けのキャンペーン準備が始まっているため、取り合ってもらえませんでした。

時間が経つにつれ、「このままでは競合他社に先を越されてしまう」「自分のアイデアには本当は価値がないのでは」という不安が林さんの頭をよぎります。

開発チームの同僚たちも既存プロジェクトに追われており、相談する時間が作れません。「みんな業務に忙殺されているのに、自分だけがアイデアを考えているのは、わがままなのかもしれない」と自問自答する日々が続きました。

コンパッションによるアプローチ

林さんは自分の状況を見つめ直すことにしました。自分の感情に向き合い、「焦り、動揺、自己疑念が高まっている」と認識します。

林さんは、自分を責めるのではなく、優しく自分に語りかけます。「忙しい時期はあるものだ。今はアイデアを磨く好機。時間があるからこそ洗練させられる」

林さんは新たな行動を起こすエネルギーを得ました。落胆や焦りにとらわれるのではなく、希望に満ちた気持ちで行動を始めます。

アイデアのプロトタイプを自分で作ってみることにしました。また、忙しい同僚たちの仕事ぶりを観察し、アプリの活用シーンを想像します。この過程で、林さんは当初のアイデアを改良していきました。

数か月後、会社全体が少し落ち着いた頃、林さんは再び部長に提案します。今回は、プロトタイプを示しながら、説得力のある提案を行うことができました。

ケース7：リソース不足で実現困難

提案の経緯と過程

ソフトウェア開発会社の総務部で働く西村さんは、コロナ禍で増えたテレワークの問題を解決するために、バーチャルオフィスを導入する提案を持ちかけました。従業員間のコミュニケーション不足や帰属意識の低下が問題になっていたからです。

西村さんは、バーチャルオフィスが従業員の一体感を高め、協力を促すと考えています。総務部長に話をしたところ、部長も興味を持ち、経営会議で話をするチャンスを得ました。

リソース不足による実現の難しさ

経営会議で、西村さんが説明すると、最初に口を開いたのは財務部長でした。

「バーチャルオフィスですが、導入コストはどれくらいですか」西村さんが概算を説明すると、社長が眉をひそめました。「そんなに投資するのは難しいな。他に優先すべき課題がある」

ＩＴ部長も懸念を示します。「セキュリティの問題も心配です。社外からのアクセスが増えるリスクは無視できません」

開発部長は少し考えて「コミュニケーションは大切ですが、それを解決するのはツールではなく、マネジメントの問題じゃないでしょうか」と言いました。

議論は否定的な方向に進み、西村さんの提案は「今後の検討課題」として先送りになりました。会議室を出た西村さんは強い憤りを覚えます。自席に戻る途中で、「何もわかっていない。この会社に未来はないのか」と心の中で呟きました。

前向きな姿勢への転換

その夜、西村さんは腹立ち任せに上司に反論のメールを書こうとしました。しかし、送信ボタンを押す直前で思いとどまります。「待てよ。この怒りは会社を良くしたいという思いの裏返しでは…」

翌朝、西村さんは状況を見直します。通勤電車の中で自分に言い聞かせました。「会社の状況を考えれば、慎重な判断も理解できる。でも、この提案には価値がある。どうすれば少ないリソースでも実行に移せるだろう」

西村さんは全社的な導入を諦めない一方で、実行可能な方法を探ることにします。まず、無料のビデオ会議ツールを使って簡易的なバーチャル空間を作り、次に、小規模なチームで試験的に導入することを計画しました。

この過程で、西村さんは自分の感情と向き合います。「怒りを感じるのは人として自然なこと。私ならそれをエネルギーに変えて、良いアイデアを生み出せる」と自分を励ましました。

西村さんの対応は、周囲の注目を集めます。同僚たちも西村さんの姿勢に感銘を受け、小規模な試みに協力的になりました。

西村さんは、リソース不足という現実を受け入れつつ、その中で可能な方法を探し続けています。「今はまだ小さな一歩かもしれない。しかし、これが大きな変革の種になる」と確かな手応えを感じて、イノベーションへの道を歩み続けています。

ケース8：優先順位が低いと評価される

提案の経緯と過程

家電メーカーの商品企画部で働く田中さんは新しい家庭向け空気清浄機を着想しました。従来製品に加えて、室内空気の質データをスマートフォンで確認できる機能を追加し、ユーザーの健康意識に訴えるものです。田中さんは、この製品は都市部の家庭に支持されると予測し、上司の佐藤課長に話を持っていきました。「この製品なら、家族の健康を守るパートナーとして売り出せます。他社との差別化にもつながるはずです」

上司の反応と理由

佐藤課長は田中さんの説明を聞き終えると、少し考え込んで言いました。

「田中さん、面白いアイデアです。でも今はタイミングが悪い。来年の節電キャンペーンに向けて、省エネ家電の開発を優先しないといけないんです。それに、ＩｏＴ機能の追加はコストがかかります。今の経営環境では難しいかもしれません」

佐藤課長のデスクには、省エネ家電のカタログや競合他社の資料が積み上げられていました。ホワイトボードには「節電プロジェクト」という文字が書かれ、タイムラインが記されています。

「それに」と佐藤課長は続けました。「最近の市場調査では、複雑な機能よりもシンプルで使いやすい製品が求められています。今は基本機能の改善に注力したほうが良いのかなと思います」

田中さんは期待外れに感じました。温めてきたアイデアが、こんなに簡単に却下されるとは思っていなかったからです。

コンパッションによるアプローチ

その後の1か月間、田中さんは落ち込んだ状態が続きます。仕事の意欲も低下し、アイデアについて考えることも億劫になっていました。

ある日、田中さんは社内の別部署から声をかけられます。SDGs推進室の山本さんです。「最近の空気清浄機の開発状況を聞かせてもらえませんか。当社の統合報告書に、環境技術の項目を入れたいんです」

田中さんは驚きました。自分のアイデアが思わぬところで注目される可能性を感じたのです。

この予想外の展開に、田中さんは自分の状況を俯瞰しました。「商品企画の文脈では却下されたけど、別の形で会社に貢献できるかもしれない」と考え始めました。

田中さんは自分に言い聞かせます。「アイデアが通らず気を落とすのは不思議なことではない。これは終わりではなく、新しい始まりだ」

山本さんとの打ち合わせに向けて準備を始める中で、田中さんは自分のアイデアを再評価しました。

「商品化は難しくても、会社の環境への取り組みをアピールする材料になるかもしれない。私のアイデアにはまだ可能性がある」

この過程で、田中さんはアイデアを洗練させていきました。省エネ機能との組み合わせ、環境負荷の低減効果、健康増進への貢献など、以前の提案時には考えていなかった要素を盛り込んでいきます。

ＳＤＧｓ推進室との打ち合わせで、田中さんの説明は反響を呼びました。山本さんは熱心に聞き入り、「素晴らしい。当社の環境技術力を伝える材料になります」と言いました。

打ち合わせ後、山本さんは田中さんに打診します。「このアイデアを、来月の経営会議で発表してみませんか。ＳＤＧｓの観点から、当社の技術開発の方向性として提案できると思います」

田中さんは、この展開に可能性を感じました。佐藤課長に状況を報告すると、課長も興味を示します。

「なるほど、ＳＤＧｓの文脈で提案するのか。それなら、会社の方向性に関わるアイデアになりますね」

ケース9：話は聞くが、判断が遅い

提案の経緯と過程

玩具メーカーで働く松本さんは、オンラインとリアルを融合した知育玩具の企画を進めていました。タブレットと連動し、現実の遊びとデジタルの学びを組み合わせることで、子どもたちの創造性と学習意欲を高めるアイデアです。

松本さんは、このアイデアを部長の渡辺さんに伝えました。渡辺部長は興味を示し、「面白い。詳しく聞かせてくれないか」と前向きでした。

判断が遅れに遅れる

しかし、その後の進展は遅々としたものでした。渡辺部長との面談は定期的に行われましたが、判断はなかなか下りません。

「子どもの発達への影響を専門家に確認する必要がある」

「アプリ開発のコストがどれくらいかかるか、見積を取ってみよう」

「販売チャネルをどうするか、検討が必要だ」

こうした問答が続き、気づけば一年が経過しました。松本さんは気持ちが焦り、「このままではアイデアが古くなってしまうのではないか」と不安を抱えていました。

ある日の会議で、渡辺部長が松本さんに話しかけます。

「松本さん、デジタル連動知育玩具の件だけど、まだ検討中なんだ。子どもの安全性の問題もあるし、既存の玩具との競合も気になる。もう少し時間をくれないかな」

松本さんは表情を曇らせます。「わかりました」と答えましたが、内心では平静を保てなくなっていました。

コンパッションによるアプローチ

松本さんは、中庭に出て椅子に腰かけ、自分の気持ちを見つめます。「焦っても仕方ない。

子どもの遊びに関わる製品だから、注意深く検討するのはおかしいことではない」と自分に言い聞かせました。

渡辺部長はアイデア自体の可能性は理解している。判断が遅いのは、さまざまな角度から製品の影響を検討しているからかもしれない。部長も他部署から意見を言われている可能性もある。松本さんは、自分のアイデアを具体化するためのアプローチを考えました。

まず、専門家に話を聞き、安全性と教育効果を検証することにします。空き時間を利用して専門家との面談を重ね、子どもの発達段階に応じた使用方法や、デジタル機器の使用時間の制限などの指針を得ることができました。

次に、既存の人気商品とコラボレーションした限定版を考えました。社内の他部署と非公式に相談し、伝統的な知育玩具とデジタル要素を組み合わせたハイブリッド商品のアイデアを練り上げていきます。

松本さんは、「着実に進めていこう。子どもたちにとって良い製品に発展させられるかもしれない」と自分に言いながら、水面下で準備を整えていきました。

ケース10：リスクを避けて挑戦をためらう

提案の経緯と過程

店舗運営部で働く森さんは、ある日店内を歩いていると、スマートフォンで商品を比較している多くの客に気づきます。この光景から店舗体験を改善する発想が湧きました。

翌日、森さんは上司の石川部長に進言します。

「部長、来店客がスマホをかざすだけで、各製品の詳細や比較データが見られるシステムはどうでしょう。ＡＩとＡＲを使えば…」

リスク回避的な反応

石川部長は森さんの説明を聞きながら、ため息をつきます。

「森さん、現実的には難しいんじゃないかな」

「どういった点が難しいのでしょうか」と森さんが尋ねると、石川部長は懸念点を述べ始めます。

「初期投資が大きい。それに、こういった最先端技術はわれわれの専門外だ。システムの安定性も保証できない」

「外部のＩＴ企業と提携すれば…」と森さんが言いかけると、石川部長は首を横に振りました。

「既存の顧客層が離れていく可能性もある。特に年配の方々は、新しいシステムに抵抗を感じるだろう」

「しかし、新しい顧客層を開拓できる可能性も…」

「わかっているとは思うが、今の経済情勢を考えてほしい。成功しなかったら会社にとって厳しい。ここはリスクを冒すより、今のビジネスモデルのまま、少しずつ改善していくほうが賢明だよ」

コンパッションによるアプローチ

提案が却下された後、森さんは自分のデスクに戻り、椅子に沈み込みます。

「アイデアが非現実的すぎたのかな」

「私には業界の流れを読む力がないのかも」

「これ以上、突飛なことを言うと、昇進にも影響するんじゃないか」

次第に、自分の能力そのものを疑い始めます。これまで温めてきた他のアイデアも急に価値がないように思えてきました。

その夜、森さんは眠れずにいました。スマートフォンを触っていると、以前参加したイノベーション・カンファレンスの写真が目に入ります。

森さんは自分との対話を始めます。

「新しい考えへの抵抗は当たり前か」

「部長の気にしている点も共感できる。懸念こそが、アイデアを磨く糧になるかもしれない」

「どうすればこのアイデアを形にできるか、もう一度考えてみよう」

森さんは前を向きました。アイデアが却下されたことを「破綻」とせず、イノベーションプロセスの一部として捉えることができたのです。

翌日、森さんは新鮮な目でアイデアを見直します。既存店舗の一部で段階的に導入する計画を立てました。これなら初期投資を抑え、リスクを軽減できます。

また、年配の顧客向けに、従来の買い物方法も並行して提供する「ハイブリッド・モデル」を考案、新旧の顧客層双方のニーズに応える方法を模索します。

数か月後、森さんは改良したアイデアを提案する場を得ました。今回の提案は、会社の現状を踏まえつつも、将来の発展に向けた可能性を探る内容となっています。

ケース11：部門間の連携不足による問題発生

プロジェクトの進捗状況

長谷川さんが提案した家庭向け水耕栽培キットのプロジェクトは、開始から一年半が経ち、製品化の最終段階に入っています。表面上は順調に見えていましたが、実は各部門がバラバラに動いていて、情報共有が十分ではありませんでした。

製造部門は部品の調達が難しくなっていましたが、「なんとかなるだろう」と考え、他部門への報告を怠っていました。マーケティング部門は競合他社の動向を把握していましたが、「自社製品に自信があるから大丈夫」と考えていたのです。

長谷川さんも、各部門から「順調です」という報告を受けるだけで、詳しい状況を確認していませんでした。

そんな中、製品発表の2か月前に突然問題が表面化します。

製造部門から「主要部品の調達が難しくなった」という報告が入りました。半導体不足の影響で、制御用部品の入手が難しくなっていたのです。数か月前から兆候はあったものの、製造部門は自分たちで処理できると考えていました。

マーケティング部門からは「競合他社が類似製品を発表した」という情報がもたらされます。競合製品は予想以上に低価格で、自社の予定販売価格では太刀打ちできない可能性が高いとのことです。

これらの問題が噴出したことで、プロジェクトの先行きが一気に不透明になりました。

コンパッションによるアプローチ

長谷川さんは各部門に対応策を求めましたが、反応は芳しくありません。

製造部門は「代替部品の選定には時間がかかる。発売時期の延期が必要」と主張します。しかし、この提案はマーケティング部門の販売戦略と矛盾していました。

マーケティング部門は「価格競争力を維持するには、機能の一部を削減するしかない」と提案します。しかし、この案は製品の魅力を損なうため、製造部門は難色を示します。

長谷川さんは、問題をなぜ早く把握できなかったのか、悔しい思いでした。部門間の連携不足が、問題の早期発見と対応を遅らせ、今回の状況を招いたのです。

会議後、長谷川さんは屋上に足を運びました。都会の喧騒を見下ろしながら、胸の内の感情と向き合います。

「こんな状況になってしまって。私の力不足だ」という自責の念が押し寄せます。しかし、その瞬間、ふと気づきました。「待てよ。自分を責めることで何か変わるだろうか」

長谷川さんは、目の前に植えられた小さな木に目を向けました。枝が折れても、新芽を出し、形を変えながら生き続ける木。その姿に、自分の状況を重ね合わせます。

「この状況も、成長のチャンスなのかもしれない」

長谷川さんは自分の内なる声に耳を傾けます。

「問題は深刻だが、プロジェクトが挑戦的であるからこそ、対峙している試練なのではないか」

「それぞれの部門がプロジェクトの成功を願っているに違いない。その思いを否定するのではなく、活かす方法を考えよう」

「よし、各部門の本音を聞き出し、解決策を見つけよう。この危機を、部門間の壁を壊すきっかけにできるはず」

長谷川さんは、屋上から夕暮れの空を見ました。苦境に置かれても、自分の価値を見失わず、前を向き続ける気力が湧いてきました。

長谷川さんは各部門との対話に臨みます。批判や非難ではなく、共感と理解を基調とした対話を重ねることで、プロジェクトは新たな局面を迎えていきました。

長谷川さんは各部門の担当者と個別に面談する中で、当初の計画を修正していきます。例えば、フルスペックモデルと簡易モデルの2ライン展開を検討し始めます。また、部品調達の問題に対しては、他のプロジェクトとの部品の共有化を検討しました。

ケース12：短期的な成果ばかりに注目が集まる

提案の経緯と過程

「また辞めるのか…」

人事部長の田中さんは、課長の中村さんから提出された離職者リストを見つめ、ため息をつきます。

業界トップクラスの売上を誇る小売チェーンですが、華々しい業績の裏で、従業員の離職率が上昇していました。入社三年以内の若手社員の転職が相次ぎ、現場は悲鳴を上げています。

「このままではまずい」

田中部長の脳裏に、かつて経験した人材不足による経営危機が蘇ります。そんな中、中村さんが興味深い提案を持ち込みました。

「AIを活用して、離職リスクの高い従業員を早期に発見し、ケアを行うシステムを開発しませんか」

田中部長は、一縷《いちる》の望みを見出した思いでした。経営会議に諮《はか》り、開発が承認されます。

しかし、これは、中村さんにとっては長く険しい道の始まりでした。

短期的成果の要求とコンパッションの往復

プロジェクト開始から2か月後、田中部長は中村さんを呼び出しました。

「中村さん、上層部から四半期ごとの進捗報告を求められている。成果は出ているか」

中村さんは困惑しながら答えます。「はい、ですがまだデータの収集と整理の段階で…」

田中部長は「わかっているが、何か数字で示せるものはないか。経営陣は具体的な指標を求めているんだ」と言いました。

中村さんは一瞬たじろぎましたが、自分に語りかけます。「焦る必要はない。長期的なプロジェクトだということは承認されているはず。今できることを進めよう」

そして冷静に対応しました。「現時点での数字はありませんが、データ分析の初期段階で興味深い傾向がいくつか見えてきています。次回の報告までには、それらをお示しします」

4か月後、経営会議での中間報告を前に、再び田中部長から指摘を受けます。

「中村さん、AIの開発は順調か。株主総会が近づいており、成果を示す必要がある。離職率に変化はあったか？」

「AIモデルの基本設計は終わり、現在はテストフェーズに入っています。離職率そのものにはまだ大きな変化はありません」と中村さんは懸命に説明しました。

田中部長は首を横に振ります。「何か前向きな数字が必要なんだ。例えば、このシステムによってどれくらいのコスト削減が見込めるかとか」

中村さんは気持ちが沈みましたが、自分に言い聞かせます。「これは当然の要求かもしれない。自分を責める必要はない。どうすれば短期的な指標と長期的な目標を両立できるか考えよう」

8か月が経過し、中村さんはシステムのプロトタイプを完成させます。しかし、次の四半期報告会を前に、田中部長から指摘がありました。

「経営陣はROIを知りたがっている。このAIプロジェクトが、どれだけの投資対効果を生むか示せるか」

プレッシャーを感じながらも、中村さんは深呼吸をしました。

「落ち着こう。経営陣の立場からすれば、投資に対する見返りを求めるのは普通だ。どうすれば経営陣の要求に応えつつ、プロジェクトの価値も伝えられるだろうか」

中村さんは、ＡＩの開発を続けながら、同時に中間的な成果を示す方法を考えます。

プロトタイプの分析結果を活用し、離職リスクが高いと思われる部署に対して、職場環境改善ワークショップを開催。その結果、「対象部署の離職率が10％改善した」というデータを示すことができました。

また、ＡＩシステムの完成後のコスト削減効果を試算し、五年後には人材採用・育成コストの20％削減が期待できるという見込みを立てます。

これらの情報によって、経営陣の理解を得ることができたと同時に、新しい取り組みから得られたデータをＡＩシステムの学習に活用し、予測精度を向上させることができたのです。

ケース13：ルールに抵触する提案

提案の経緯と過程

会議室の大型ディスプレイには、実験計画書が映し出されています。藤原さんの顔には緊張と期待が交錯していました。藤原さんは運送会社の配送部門で働いており、三年間追い求めてきた配送システムの実証実験が、ついに承認されようとしていたのです。

藤原さんの提案は、都市部の配送ルートをＡＩで最適化し、既存の配送網を再編成するというものです。当初は「非現実的」と一蹴されましたが、藤原さんは諦めませんでした。技術の実現可能性を検証し、社内外の勉強会に参加して支持者を増やしていきました。その熱意が周囲を動かし、二年目にはチームが発足。さらに一年かけて実証実験の準備を進め、経営陣からゴーサインを得ることができたのです。

社内ルールへの懸念

実験開始まであと一週間というある日、藤原さんは総務部から呼び出されます。総務部の田中部長は藤原さんに告げました。

「藤原さん、大変申し上げにくいのですが、このプロジェクトには問題があります。既存の配送網の再編成は、当社の長年の慣行や労使協定に抵触する可能性が高いんです」

藤原さんは血の気が引く思いでした。

「効率化のためには避けられない変更だと思うのですが」と藤原さんが食い下がると、田中部長は納得しない様子を見せました。

「しかし、労働組合との合意や、社内のさまざまな部署との調整が必要です。このまま進めれば、社内に軋轢《あつれき》を生みかねません」

藤原さんは絶望感に包まれます。自席に戻る間も、周囲の視線が痛く感じられました。机に座り、パソコンの画面を見つめていると、さまざまな感情が押し寄せてきます。

「なぜもっと早く気づけなかったのか」

「三年間も無駄にしてしまった」

「みんなを巻き込んで、申し訳ない」

「自分の確認不足だ。もう誰も信用してくれない」

そんな思いが湧き上がり、藤原さんの心を締め付けます。プロジェクトの中止を想像すると、胃が痛くなりました。せっかく信頼を得た経営陣や同僚たちの沈んだ表情が目に浮かびます。

その日の夜、藤原さんは眠れませんでした。頭の中で問題が堂々巡りし、自己嫌悪に陥っています。「もうダメだ」という思いが藤原さんを苦しめます。

コンパッションによるアプローチ

しかし、翌朝、藤原さんは何か違う視点が必要だと気づきました。これまでの経験から、自分を責め続けても何も生まれないことを学んでいたのです。

「大きな問題だけど、これはどの会社でも起こり得ることだ。社内ルールの問題を指摘されたのは、むしろ良かったのかもしれない」

藤原さんは、自己批判を避け、この状況から得られる教訓を探りました。

「深刻な問題だが、アイデア自体には価値がある。どうすれば、ルールを尊重しつつ、このアイデアを活かせるだろうか」

藤原さんは、総務部の田中部長に再度相談し、現行のルールのもとでも実施可能な部分はないか、一緒に検討することにします。労働組合との対話の可能性も探ることにしました。

さらに、藤原さんは経営陣に対して、プロジェクトの一時中断と計画の見直しを提案します。完全な中止ではなく、社内ルールを尊重しつつアイデアの本質を活かす方法を模索する時間が必要だと説明したのです。

ケース14：実現に必要な技術が未成熟

プロジェクトの進捗と予期せぬ壁

プロジェクトリーダーの三浦さんは、感情分析機能を備えた音声認識システムの開発に取り組んでいます。システムが実用化されれば、顧客サポートの効率が向上し、企業の顧客体験向上に貢献すると期待されていました。

プロジェクト開始から一年半が経過し、音声認識機能の実装には成功しましたが、感情分析の精度向上にはまだ難点があります。

ある日の進捗会議で三浦さんは次のように報告しました。「現在のアルゴリズムでは、感情分析の精度が目標値を下回っています。特に、皮肉や文脈依存の表現の解釈が難しく、誤認識が多発しています」

「どの程度の問題が？」と開発部長が尋ねます。

「例えば、顧客の怒りや不満を検出できないことがあります。このままでは、サポート品質の低下につながるかもしれません」と三浦さんは答えました。会議室に重苦しい空気が漂います。プロジェクトは会社の次世代ＡＩ戦略の中核として期待されており、これまでに多額の開発費が投じられていました。開発部長は厳しい口調で言います。「三浦さん、残された時間はあとわずかです。このままでは、プロジェクトの継続が難しくなりますよ」

コンパッションによるアプローチ

三浦さんは、心が押しつぶされそうな感覚でした。自分の能力不足が原因なのではないか。そんな思いが頭をよぎります。自分を責める気持ちが湧き上がってきますが、そこで立ち止まります。

「今の気持ちはとてもつらい。ただ、これは先端技術の開発に挑戦する、多くの人が経験すること。それに、自分はここまでよくやってきた」

三浦さんは、自責の念に駆られるのではなく、現状を俯瞰《ふかん》しようと心がけました。

「技術的な壁にぶつかったのは事実。一方で、これまでの開発で得られた知見もたくさんある。諦めるのは早い」

開発過程を振り返り、得られた成果と立ち向かっている課題を整理します。その過程で、新たな視点が生まれてきました。

「限定的な機能から始めて、段階的に改良を重ねていく方法もあるのでは」

この気づきをもとに、三浦さんは計画を練ります。例えば、感情分析の精度が比較的高い特定の状況から始め、徐々に対応範囲を広げていく。また、他の研究機関や専門家との連携の可能性も探ることにしました。

翌日、三浦さんは開発部長に改めて相談します。

「課題は多いのですが、これまでの成果を活かせる方法があると考えています。段階的なアプローチで、まずは…」

開発部長は三浦さんの建設的な姿勢に驚きつつも、耳を傾けます。

「そういった方向性もあるのか。計画を立ててくれないか」

三浦さんは、自分を思いやる気持ちを持つことで、計画通りに進まなくても挑戦を続けるエネルギーを得ました。技術的な課題は依然として存在しますが、それを乗り越えるための道筋が見えてきました。

ケース15：特定部門の利害と対立

アイデアの提案

4月のある日、旅行会社の本社ビル17階で、企画部の森田さんは緊張した面持ちで会議室に入っていきます。新しい旅行プランを提案するために、この日を心待ちにしていました。

森田さんは、「地方の魅力再発見：ワーケーション×地域活性化プラン」というサービスを考案しました。都市部の企業に勤める人々を地方に招き、テレワークをしながら地域の魅力を体験してもらうという内容です。

地方自治体と連携し、空き家をリノベーションしたワークスペースの提供、地域住民との交流イベント、地元の食材を使った料理教室など、多彩なプログラムを組み込んでいました。

既存事業との軋轢

しかし、森田さんの提案に対し、営業部の課長である酒井さんからは手厳しい反応を受けます。

「うちの主力商品は海外パッケージツアーです。この提案は、われわれの限られたリソースを分散させることになります。営業部としては賛成できませんね」

酒井さんの懸念は、新しいプランが会社の限られた人材や予算を奪い、主力の海外パッケージツアー事業に悪影響を与える可能性があるということです。営業部の体制や販売戦略の変更が必要になる点も問題視していました。

森田さんは意気消沈しましたが、諦めきれず、数週間後に再提案を試みます。今度は、ワーケーションプランが新たな顧客層を開拓し、会社全体の収益向上につながることを示すデータを用意しました。しかし、酒井さんは態度を崩しません。

「データはわかりますが、それでも既存事業への影響は避けられないですよね。今のやり方を変える必要はないと思います」

コンパッションによる取り組み

この返答に、森田さんは自信を失いかけました。「私のアイデアはダメなのかも」と自己批判的な思考に陥りそうになります。しかし、ここで森田さんは自分に優しく語りかけました。

「大丈夫だ。この反応は、アイデアが本当に革新的だという証拠かもしれない。粘り強く取り組もう」

自己対話により、森田さんは冷静さを取り戻します。森田さんは、酒井さんの懸念を考慮し、既存の海外パッケージツアー事業との共存を模索しました。

数か月かけて、森田さんは営業部の社員たちと個別に対話を重ね、彼ら彼女らの心配と希望を聞き取りました。その過程で、海外旅行と国内ワーケーションを組み合わせた新たなプランのアイデアが生まれたのでした。

ケース16：社員自身の変化が必要で反発

伝統と革新の衝突

老舗旅館の若手経営者、大野さんは改革案を考えています。創業100年の歴史を誇る旅館は、最近、若い世代のお客さんが減り、経営が厳しくなっていました。

大野さんは、旅館の魅力を現代風に再構築する必要があると感じています。そこで、和室中心の客室を一部モダンな洋室に改装することを考えました。

また、夕食の提供方法も部屋食だけでなく、オープンキッチンのあるダイニングでの食事も選べるようにする計画でした。

ある日の朝礼で、大野さんはこの改革案を発表します。

「私たちの旅館を、伝統と革新が融合する場所にしたいと思います。和の良さを活かしつつ、現代のニーズに合わせたおもてなしを提供することで、より多くのお客様に喜んでいただけるはずです」

猛反発する社員たち

大野さんの熱意とは裏腹に、スタッフたちの反応は好ましくありません。

「そんなことをしたら、旅館の良さが失われます」とベテラン仲居が反対しました。

「お客様は畳の上で寛《くつろ》ぐことを楽しみにしていらっしゃるんです。洋室なんて、ホテルと変わりません」と料理長も同意します。

フロント担当は、「部屋食は私たちの誇りです。ダイニングでの食事なんて、おもてなしの心が伝わりません」と不安そうに話しました。

大野さんはスタッフたちの意見に戸惑います。大野さんの目には、スタッフたちの姿が、変化を恐れ、現状に固執するように映りました。

「このままでは旅館の未来はない」という切迫感と、「私の考えは間違っているのかもしれない」という不安感が入り混じり、大野さんは胸が苦しくなりました。

葛藤と自己対話

朝礼後、大野さんは自室に戻り、窓際に立って庭園を眺めます。頭の中は、スタッフたちの反対の声でいっぱいでした。「なぜわかってくれないのか」という苛立ちが込み上げてきます。

すぐには気持ちを切り替えられません。大野さんは畳の上に正座し、深呼吸を繰り返しました。それでも、胸の奥の感情は簡単には収まりません。

「私の提案は本当に正しいのだろうか」「もしかしたら、自分が伝統を軽んじているのかもしれない」そんな思いが浮かんでは消えていきました。

しばらくして、大野さんはゆっくりと目を閉じ、自分自身に語りかけ始めます。

「今の気持ちを受け入れよう。落ち着かない気持ちになるのは変なことではない。変化を求めるのも間違いではない。でも、スタッフたちの反発にも理由があるはず」

大野さんは、自分の感情を一つ一つ丁寧に見つめていきます。焦り、不安、苛立ち、そして深い所にある旅館への愛情。それらを認識し、受け入れていくうちに、気持ちが和らいでいくのを感じました。

「スタッフたちの反応は、長年培ってきた誇りと愛着の表れでもある。その気持ちを理解しつつ、どうすれば旅館の未来を一緒に描けるだろうか」

自己対話を通じて、大野さんは冷静になります。スタッフたちの主張を、自分への非難ではなく、旅館への思いの表れとして受容することができました。

大野さんは新たなアプローチを考えます。スタッフ一人ひとりと個別に話をして、懸念や旅館に対する思いをじっくりと聞くことにしました。その上で、伝統を守りつつも新しい取り組みを導入する方法を模索していきます。

大野さんは、この難題を突破することで強固な改革案が生まれると信じています。スタッフたちの拒絶を、アイデアを磨くきっかけとすることで、旅館の未来に向けた一歩を踏み出そうとしていました。

ケース17：突然の異動で担当を外される

プロジェクトの危機

秋の夕方、不動産会社の会議室で、企画部の菊池さんは上司の言葉に耳を疑いました。

「来月から営業部に異動になります。新しい部署でも頑張ってください」

菊池さんは驚きを隠せませんでした。二年前から取り組んできたシェアオフィス事業が、軌道に乗り始めたところだったからです。

このプロジェクトは、利用者が好きな時間に好きな場所で働けるワークスペースを提供するものでした。菊池さんは、働き方の多様化に対応したオフィスの形を提案したのです。

当初は「新しい事業を始める必要があるのか」「既存の賃貸事業で十分ではないか」との声もありましたが、菊池さんは説得を続けました。市場調査や先進的な企業へのヒアリングを重ね、社内の理解を得ていきました。

そして今、試験的にシェアオフィスの1号店がオープンし、予想以上の反響を得ています。利用者からは「働き方の幅が広がった」「異業種の人との交流が刺激になる」と好意的な声が寄せられていました。

そんな矢先の異動の知らせです。菊池さんは肩を落としました。「せっかく順調に進み始めたのに、ここで手放すことになるのか。自分がいなくなったら、このプロジェクトはどうなるのだろう」

コンパッションによるアプローチ

会議室を出た菊池さんは、窓際に立ち、街の灯りを見つめました。頭の中は混乱していましたが、一度、気持ちを整理しようと考えます。

「この状況で動揺するのは普通だ。誰だってそう感じるはず」と自分に語りかけました。そして、これまでの歩みを振り返ります。

プロジェクトの立ち上げから今日まで、多くの試練がありました。しかし、その度に乗り越えてきたのです。異動も、新たな挑戦の一つかもしれません。

菊池さんは、自分を咎《とが》めるのではなく、これまでの成果を認めることにしました。「ゼロから始めて、ここまで形にできた。それは紛れもない事実」

そして、プロジェクトの意義を再確認します。「この事業は、会社の未来にとって重要だ。自分が異動になっても、何らかの形で関わり続けることはできる」

菊池さんは、明日にでも後任の担当者と話し合い、過去の経緯やビジョンを引き継ぐことを決意しました。そして、営業部に異動しても、シェアオフィス事業の支援者として、新しい立場から貢献できる方法を探ろうと考えます。

「今は不安でいっぱいだが、この経験も何かの糧になる。新しい部署でも、プロジェクトで培ったスキルを活かせる場面があるだろう」

菊池さんは、肩の力を抜きました。明日からまた、新たな挑戦が始まります。

イノベーションを成功に導くコンパッションの力

イノベーションプロセスは凸凹《でこぼこ》道が続きます。アイデアを実現する過程で、多くの障害に出くわしますが、コンパッションがこれらの課題を乗り越える武器となります。コンパッションは、自分や他者に対する思いやりを意味し、イノベーションの実現に向けて効力を発揮します。

困難を乗り越える粘り強さの源

イノベーションを推進する過程では、しばしば否定的な評価や反対、不測の事態に遭遇します。

例えば、ケース2（アイデアに周囲から猛反発）では、アイデアが周囲から猛反発を受けており、ケース3（試作品の失敗で批判）では、提案者が厳しい批判にさらされています。

このような状況に置かれると、多くの人は無力感に包まれ、諦めてしまいます。しかし、コンパッションを持つことで、苦境を切り抜ける粘り強さを見せることができます。

特に、自分自身に対する思いやりの心を持つことで、失敗経験を個人の欠点としてではなく、自己成長の契機として捉えられるようになります。ケース4（アイデア倒れで、周りの協力を得られず失敗）では、当初、他人のせいにしがちだった提案者が、コンパッションを通じて自分と他者への理解を深め、建設的な対応を見出しています。

コンパッションは未来を見据えた視点を持つことも助けます。ケース12（短期的な成果ばかりに注目が集まる）では、すぐに結果を出すことが求められる中でも、提案者は長期的な価値を見失わず、取り組み続けています。

この持続的な努力は、イノベーションの成功に不可欠です。なぜなら、アイデアが受け入れられ、実現されるまでには時間がかかるからです。コンパッションは、一時的な挫折感に左右されず、遠くの目標に向かって進み続ける力を与えます。

組織内の協力を促進する触媒

イノベーションの実現には組織内のさまざまな部門や立場の人々の支援が欠かせません。しかし、新しいアイデアは既存の体制や利害関係と衝突することがあります。

ここでもコンパッションが重要な役割を果たします。他者への思いやりの心を持つことで、対立を緩和し、対話を促進できます。

例えば、ケース15（特定部門の利害と対立）では、アイデアがある部門の意向と食い違っていましたが、提案者は相手の立場を理解しようと努め、共存可能な解決策を模索しています。ケース11（部門間の連携不足による問題発生）では、各部門の事情を理解し、協力を引き出すことに成功しています。

コンパッションは組織内の摩擦を和らげ、イノベーションに向けた協調的な環境を作り出す触媒となります。他者の立ち位置や感情を理解し、尊重することで、異なる意見や視点を持つ人々との関係を築きやすくします。これは、複雑な問題解決やアイデアの実現に求められることです。

創造性と柔軟性を高める効果

コンパッションには、イノベーターの創造性と柔軟性を高める効果もあります。自分や他者への思いやりは、不本意な結果を恐れず、アイデアを自由に探索することを可能にします。

ケース5（周囲の理解や協力を得られない）では、誰にも理解されていないと感じた提案者が、コンパッションを通じて自己批判を抑え、アイデアの価値を再確認しています。既存の枠組みにとらわれない思考を維持できました。

また、ケース14（実現に必要な技術が未成熟）では、技術的な壁にぶつかった提案者が、自分への思いやりを通じて平常心を保ち、段階的なアプローチという方法を見出しています。

コンパッションは予期せぬ障害に対する適応力を高め、イノベーションの実現可能性を高めます。そして、創造性と柔軟性を育《はぐく》む土壌となります。

イノベーターの精神的健康を支える

イノベーションの過程で出くわす数々の障壁は、提案者の精神的健康に影響を与える可能性があります。非難や反発、不確実性にさらされることで、ストレスや不安、自信の喪失を経験しやすくなります。しかし、コンパッションは心の負担を軽減する効果があります。

例えば、ケース17（突然の異動で担当を外される）では、突然の異動を告げられた提案者が、落胆を感じながらも、自分への思いやりを通じて落ち着きを取り戻しています。この過程で提案者は新たな状況を受け入れつつ、プロジェクトに対する貢献方法を模索しています。

ケース9（話は聞くが、判断が遅い）では、アイデアの判断が遅れることで焦りを感じた提案者が、コンパッションを通じて自分を取り巻く状況を見つめ直し、長期的な視点を保っています。過度のストレスや焦りを避け、メンタルの安定を維持しています。

コンパッションは、うまくいかない経験をしても自己価値を保つことに寄与します。ケース10（リスクを避けて挑戦をためらう）では、リスク回避的な反応にさらされた提案者が、自分への思いやりを通じて自信を失わず、アイデアを推進しています。

コンパッションは、イノベーターが難局に面しても落ち込みすぎることなく、心の健やかさを保ちながら前進することを可能にします。これは個人のウェルビーイングだけでなく、長期的なイノベーションの成功にとっても重要なことです。

以上のように、コンパッションはイノベーションプロセスにおいて多面的な効果をもたらします。それは個人の粘り強さとメンタルヘルスを高めるだけでなく、組織全体のイノベーション文化を育《はぐく》むことになるのです。

これらのケースが示唆しているのは、イノベーションの成功には、技術や資金だけでなく、人間的な要素が不可欠だということです。

コンパッションを基盤としたイノベーションプロセスは、個人の創造性と精神の安定を引き出し、組織全体の革新力を高めます。

イノベーションを推進する上で、コンパッションを活用することは、個人にとっても組織にとっても意義があります。コンパッションを実践し、育んでいくことで、より強靭な創意工夫のプロセスを構築することができます。

第4章

コンパッションを高める具体的な方法

コンパッションは誰もが実践でき、介入できる余地がある

イノベーションの実現にあたっては、困難が立ちはだかります。アイデアを生み出し、それを形にしていく過程で、イノベーターたちは多くの挑戦に直面します。

これらを乗り越えるために、さまざまなアプローチが提案されてきました。しかし、多くのアプローチにおいては、イノベーターの内面に深く根ざした課題に十分に対応できていません。失敗への恐れ、自己批判、そして挫折感。こうした心理が、イノベーションプロセスを遅らせ、時には完全に止めてしまいます。

そこで本書で注目しているのが、コンパッションです。特にセルフ・コンパッションが、イノベーションの実現において重要な役割を果たします。

コンパッションが有望なのは、それが介入可能な要素だからです。意識的な取り組みによってコンパッションを強化することができます。適切な実践によって、しかも短期間で向上させることが可能です。コンパッションに対する介入が可能であることは、イノベーションプロセスにいくつかの利点をもたらします。

・イノベーションの成否は、市場の動向や技術の進歩といった不確定要素に左右されます。対して、コンパッションは意識的に育《はぐく》めるため、イノベーター自身が成功確率を高めることができます。

・イノベーションプロセスは長期にわたることが多く、その間に幾多の試練に直面します。コンパッションへの介入によって、これらの試練に適応し、乗り越えるエネルギーを高めることができます。イノベーションに取り組む過程が、イノベーターのスキルを向上させる機会となります。

・イノベーションに必要な技量は、しばしば個人の資質や経験に依存しますが、コンパッションは、誰もが向上させることができます。組織全体のイノベーション能力を底上げする可能性があります。

コンパッションへの介入がもたらす効果は、気分の改善にとどまりません。コンパッションの向上はストレス耐性の醸成、創造性の促進、そして協力関係の強化など、イノベーションの実現に役立つ要素の改善につながります。

本章では、コンパッションに対する介入方法を解説し、それがイノベーションプロセスにもたらす効果を探ります。個人の内面から始まる実践が、いかにしてイノベーションの実現につながるのか、その道筋を明らかにしていきます。

コンパッションは身近な存在

イノベーションの実現には多くの障害があるものです。アイデアを形にする過程で反対や苦言、予期せぬ問題などの苦境が待ち受けています。そんな中で私たちを支えるのは「コンパッション」、つまり思いやりです。

しかし、「コンパッション」と聞くと、特別なものに感じるかもしれません。忙しい仕事の中で、そんな余裕があるのだろうかと考える人もいるでしょう。

ところが、学術研究によれば、**コンパッションは私たちの日常生活に存在し、誰もが実践できるもの**だとわかっています。カナダのクイーンズ大学のリリウスをはじめとした研究チームが行った調査は、職場におけるコンパッションの存在とその影響に関する発見をもたらしています。[*1]

リリウスらは、病院の従業員を対象に、コンパッションの頻度と、それが感情や組織への愛着に与える影響を調べました。この研究は、職場における実際のコンパッションの行動を捉えている点に特徴があります。

初めに、パイロットサーベイが実施されました。病院の従業員2400名にアンケートを配布し、239名から回答を得ました。ここでは、コンパッションの経験頻度、ポジティブな感情、組織への愛着などが測定され、分析されます。その結果、次の点が明らかになりました。

- **コンパッションの頻度**：職場でのコンパッションの経験頻度は比較的高い。上司よりも同僚からのコンパッションをより頻繁に経験している。

・**ポジティブな感情との関連**：職場でコンパッションを経験する頻度が高いほど、ポジティブな感情（誇り、感謝、インスピレーション、安らぎなど）を感じる。
・**組織への愛着との関連**：コンパッションの経験頻度が高いほど、組織への愛着も高い。
・**ポジティブな感情の媒介効果**：コンパッションと組織への愛着の関係は、ポジティブな感情によって部分的に説明される。コンパッションを経験することでポジティブな感情が生まれ、それが組織への愛着につながるという流れがある。

次に、調査の回答者のうち159名から、171のコンパッションに関する物語を収集し、内容の分析をします。その結果、参加者の多くが職場で何らかの形でコンパッションを経験していることが示されました。**コンパッションは、特別な人だけのものではなく、職場における日常的な相互作用の一部**なのです。

例えば、同僚や家族が病気になったり、大切な人を亡くしたりした時に、周りの人たちが支えになってくれるという話がありました。支え方もさまざまで、励ましの言葉をかけたり、仕事の融通を利かせてくれたり、時にはお金や物を集めて助けたりしています。

コンパッションを受けた人は、仕事に対して前向きな気持ちになり、会社への愛着も強くなりました。思いやりを経験すると、自分自身や同僚、会社に対する見方が良い方向に変わることもわかりました。

リリウスらの研究は、コンパッションが決して遠い理想ではなく、私たちにとって身近なものであることを見せてくれました。

コンパッションの実践に特別な施設は必要ありません。イノベーションの実現に向けて奮闘する中で、周りを見渡し、自分自身の行動を振り返ってみてください。そこにはきっとコンパッションの芽があるはずです。それを意識し、育てていくことが大事です。

コンパッションは後天的に高められるスキル

では、このコンパッションは生まれつきの性質なのでしょうか。それとも後天的に高めることができるのでしょうか。

この疑問に対して間接的に含意を提供する研究があります。テキサス大学オースティン校のネフは、セルフ・コンパッションを測定するための項目を作成しました。[*2] 研究は三つの調査から構成されており、主に大学生を対象としています。

研究者らは、セルフ・コンパッションの要素として以下の観点に注目しました。

・**自己への優しさvs自己批判**：自分の不得意なことや失敗に対して、厳しく糾弾するのではなく、理解と優しさを持って接すること。
・**共通の人間性vs孤立**：自分の経験を人類共通のものとして受け止め、孤立を感じないこと。
・**マインドフルネスvs過度の同一化**：困難な感情に気づきつつも、それに過度に巻き込まれないこと。

これらの観点を反映した項目を作成し、調査を行いました。その結果、**セルフ・コンパッションが高いほど抑うつや不安が低く、生活満足度が高い**ことが明らかになりました。

また、セルフ・コンパッションは自己肯定感とは中程度の相関を示しましたが、自己肯定感とは異なり、ナルシシズムとは相関しませんでした。

興味深いのは、ここからです。仏教実践者と大学生を比べたところ、前者のセルフ・コンパッションが高いことがわかりました。これは、ネフの作成した尺度の精度が高いことを表す結果ですが、同時に、コンパッションは後天的に高められる余地があることを含んでいます。

なぜなら、仏教実践者は、まさにその実践によってセルフ・コンパッションを高めたと考えられるからです。自分と他者への慈悲の実践がセルフ・コンパッションの向上につながったと推測されます。

イノベーションに取り組む人々にとって、この知見は希望をもたらします。

逆境に巻き込まれた時、「自分にはコンパッションがない」と諦めるのではなく、それを高める方法があると理解できるからです。

コンパッションは、生まれつきの性質ではありません。意識的な実践を通じて育《はぐく》むことができるスキルなのです。

「二つの椅子」でセルフ・コンパッションを高める

自分自身に対する思いやり、セルフ・コンパッションを持つ重要性について、これまで見てきました。セルフ・コンパッションをどのように高めることができるのでしょうか。テキサス大学オースティン校のネフらの研究チームが、セルフ・コンパッションと心理的適応の関係を調査しました。[*3] その中で、「二つの椅子」対話法を用いた実験を行っています。

ネフらは、この手法の効果を検証するため、大学生を対象に実験を行いました。参加者はオンラインでのアンケートに回答し、その一週間後に「二つの椅子」の実験に参加、さらに、その三週間後に二回目のアンケートに回答します。

「二つの椅子」の対話は、セラピスト（カウンセリングの経験が豊富な大学院生）のもと進められました。

参加者に対して二つの椅子を用意します。一方の椅子には自己批判的な側面を、もう一方の椅子には思いやりのある側面を座らせます。この二つの側面の間で対話を行います。

- 参加者は自己批判的な状況（失敗や欠点）について考えます。
- 二つの椅子を使って、自分の中の二つの「声」の対話を行います。最近の失敗や欠点について批判的な思考を表現します。例えば、「なぜいつもこんなミスをするんだ」「本当にどうしようもない」といった具合です。この過程で、参加者は自己批判の思考パターンを意識します。

- 思いやりのある椅子に移動し、批判に対して優しく応答します。ここでは、自己批判的な声に対して、理解を示す言葉をかけます。例えば、「うまくいかなかったのはつらいけれど、誰にでもミスはある」「完璧を求めなくていい、十分頑張っている」といった具合です。

対話を15~60分間行い、何らかの解決に達したか、解決が見込めないと判断された時点で終了します。この方法は、自己批判的な部分と、批判に応答する部分の両方を表現することで、自己への理解と共感を深めることを目的としています。

実験の結果、セルフ・コンパッションの変化と心理的健康の変化との間に関連が見られました。またセルフ・コンパッションの増加は、自己批判の減少、社会的つながりの増加、抑うつ、不安、反芻《はんすう》、思考抑制の減少と関連していました。

この手法が効果的である理由として次のようなことが考えられます。

- 自己批判の思考パターンを意識し、それに対抗する思いやりのある声を育てることができる。自己批判を抑制するのではなく、それを認識した上で、建設的な対応を学ぶことができる。

・自己批判とコンパッションの対話を通じて、バランスの取れた形で自分との関係を築くことができる。自己批判に偏りがちな内的対話の調和を取り戻すことで、健全な自己観を形成できる。

・椅子を移動することで、異なる視点を物理的に体験し、認知の柔軟性が高まる。物理的な動きが、心理的な視点の切り替えを促進し、自分に対する新たな見方を養う。

・思いやりのある声を作り出し、強化することで、日常生活でもその声を活用しやすくなる。繰り返しの練習によって、セルフ・コンパッションのスキルが身につく。

この研究は、イノベーションに取り組む人々にとって重要な意味を持ちます。アイデアを実現しようとする過程では種々の苦境に陥ります。そんな時、自分を責めるのではなく、思いやりを持って接することが大切ですが、「二つの椅子」の対話は、そのための具体的な方法を提供してくれます。

自分との対話を通じて、行き詰まりを挫折としてではなく、成長のきっかけとして再解釈することができます。その視点が、イノベーションへの取り組みを支えます。

「二つの椅子」の対話法は、セルフ・コンパッションを高めるツールとして、イノベーションに携わる人々にとって有用な手法となり得ます。自己批判と向き合いつつ、自分への思いやりを育《はぐく》むこの方法は、イノベーションの道筋をたどる上での味方となるでしょう。

実践編：「二つの椅子」を使った自己対話

イノベーションを実現するプロセスでは、自己批判的な思考に陥りやすくなります。アイデアに反対意見が出たり、壁にぶつかると、自信を失い「自分には素質がない」「このプロジェクトは終わりだ」といった考えが浮かんできます。こうした思考はイノベーションを進めるパワーを奪います。

そこで役立つのが先ほど紹介した「二つの椅子」を使った自己対話法です。この方法で自己批判の声に対抗し、セルフ・コンパッションを高めましょう。

以下、職場や自宅で実践できる方法を簡単なものから、本格的なものまで紹介します。状況や好みに応じて選んでいただければと思います。

想像上の「二つの椅子」

最も簡単な方法は、実際の椅子を使わず、想像上の「二つの椅子」を使う方法です。オフィスの会議室や自宅のどこでも実践できます。

- **準備**：静かで落ち着ける場所を選びます。オフィスなら会議室や休憩スペース、自宅ならリビングや寝室が良いでしょう。
- **リラックス**：目を閉じ、深呼吸を行います。息を吸う時に「1」、吐く時に「2」と数え、これを10回ほど繰り返しましょう。
- **イメージ作り**：目を閉じたまま、自分の前に二つの椅子があると想像します。一方の椅子には厳しい表情の自分が、もう一方には優しい笑顔の自分が座っているイメージを持ちます。

- **批判の声**：厳しい表情の自分の椅子に意識を向け、その声に耳を傾けます。例えば、新規プロジェクトの提案が却下された場合、次のような声が聞こえてくるかもしれません。「やっぱり無理だった。もっと経験を積んでから挑戦すべきだった。このままでは昇進も難しい」
- **思いやりの声**：優しい笑顔の自分の椅子に意識を移し、批判的な声に対する返答を想像します。「提案は通らなかったけど、それは私の価値を決めるものではない。新しいことに挑戦する勇気があったことを誇りに思う。この経験から教訓を得て、次に活かせばいい」
- **対話の継続**：このように二つの声の間で対話を続けます。批判的な声が出てきたら、それに対する思いやりのある返答を考えます。これを5分から10分程度続けます。
- **統合**：両方の声を聞いた上でバランスの取れた見方を考えます。「提案は却下されたが、これは学びのチャンスだ。批判的な意見を参考に、アイデアを改善できる。提案の過程で得た知識や経験は、今後役立つ」
- **行動計画**：新しい視点に基づいて、行動計画を立ててみます。「来週、上司に時間をもらって、却下された理由を聞こう。アイデアを改善し、再提案しよう」

この方法は、短時間で手軽に実践できる反面、想像力が試されます。しかし、日常的に実践しやすいのが利点です。

メモを用いた「二つの椅子」

メモを取りながら行う方法を紹介します。この方法は、具体的に思考を整理できる利点があります。

- **準備**：Ａ４用紙３枚、ペンを用意し、静かな場所に移動します。
- **設定**：１枚目の紙の上部に「批判」、２枚目に「思いやり」と書きます。
- **批判の記述**：「批判」の紙に、現在の問題や懸念事項を書き出します。例えば、新しい技術の習得が遅れている、メンバーとのコミュニケーションがうまくいっていない、プロジェクトの期限が迫っているのに進捗が芳しくない、上司の期待に応えられていない、などです。

・**思いやりの記述**：「思いやり」の紙に移り、批判に対する思いやりのある返答を書きます。例えば、新しい技術の習得には時間がかかる、少しずつ進歩している、コミュニケーションの改善は永続的な課題、努力していることを評価しよう、進捗の遅れは予測困難な要因もある、チームと協力して挽回する方法を考えよう、上司の期待に応えようと努力していること自体が評価に値する、などです。

・**統合**：両方の紙を見比べ、バランスの取れた見方や行動計画を3枚目の紙に書き出します。例えば、新しい技術の習得のために毎日30分の学習時間を確保する、メンバーとの1対1のミーティングを設定してコミュニケーションを改善する、プロジェクトの優先順位を見直してリソースを再配分する、上司との進捗共有ミーティングを提案する、などです。

・**振り返り**：この過程で気づいたこと、感じたことも記録すると良いでしょう。記録を見返すことで、自己理解を深めることができます。

この方法は、思考を視覚化できる点が特徴です。後で見返すこともでき、時間をかけて自己対話を行えます。自分の考えを整理するのが苦手な人にも効果的です。

実際の椅子を使った本格的な対話

実際に二つの椅子を使って行う方法もあります。プライバシーが確保できる場所で、時間に余裕がある時に試してみましょう。

・**環境設定**：プライバシーが確保され、約30分間中断されない場所を選びます。二つの椅子を向かい合わせに置き、必要に応じてメモを取る準備をします。
・**ウォーミングアップ**：深呼吸やストレッチなどで、心身をリラックスさせます。
・**役割の明確化**：一方の椅子を「批判の椅子」、もう一方を「思いやりの椅子」と区別します。それぞれの椅子に座った時の姿勢や表情も変えてみると良いでしょう。
・**批判の表現**：自己批判の椅子に座り、現在の問題や気がかりを声に出して表現します。感情を込めて話します。例えば、「私はダメなマネジャーだ。チームのパフォーマンスが低下しているのは、私のリーダーシップが足りないからだ。もっと指示を出すべきだったのに、みんなの顔色をうかがってばかりいた」といった具合です。

・**思いやりの応答**：思いやりの椅子に移動し、批判的な声に対して思いやりのある応答をします。例えば、「難しい状況だけど、私は最善を尽くしていた。チームのことを考えて行動していた。リーダーシップにもさまざまなスタイルがある。私の共感的なアプローチも、長期的には良い結果をもたらすかもしれない」といった具合です。

・**対話の継続**：二つの椅子を行き来しながら、対話を続けます。批判と思いやりの声が十分に表現されるまで続けます。

・**統合**：両方の視点を取り入れた統合的な見方を形成します。例えば、「チームのパフォーマンス向上は課題だが、私なりのリーダーシップスタイルには価値がある。ただし、状況に応じて指示を出すことも必要かもしれない。メンバーとの個別面談を増やし、各人の意見や要望を理解しよう」といった具合です。

・**振り返り**：セッション後、気づきや感情の変化、今後の行動計画などを記録します。

この方法は、身体的な動きを伴うため、より鮮明に異なる視点を体験できます。感情的な側面も含めて、深い自己理解と自己受容を促進できるでしょう。

同僚や友人とのロールプレイ

少し難しくはありますが、信頼できる同僚や友人がいれば、二人で行う方法もあり得ます。

・二つの椅子を用意し、向かい合わせに置きます。
・皆さんが自己批判的な部分を演じ、同僚や友人に思いやりのある部分を演じてもらいます。
・皆さんが現在の懸案事項を述べ、同僚や友人がそれに対して思いやりのある応答をします。
・役割を交代して、同様の対話を行います。

この方法においては、他者の視点を取り入れることで、洞察が得られます。イノベーションプロセスにおける共感や協力の重要性を実感することにもなるでしょう。

以上の方法を使い分けることで、セルフ・コンパッションを高め、イノベーションプロセスにおける難局を乗り越える力を養うことができます。

最初は恥ずかしく感じるかもしれません。しかし、繰り返し実践することでうまく自己対話ができるようになります。

重要なのは、この対話を通じて自己批判を抑えるだけではなく、建設的な自己理解と行動の変化につなげることです。

イノベーションの実現に向けて、どのようなステップを踏むべきか、どのような資源や協力が必要か、といった点まで考察を深めていきましょう。

二つの椅子の方法は、試練に見舞われた時だけでなく、定期的に実践することで、セルフ・コンパッションの基盤を築くことができます。イノベーションの行程を進む上で、この方法が有効なツールとなることを願っています。

自分から他者に思いやりの気持ちを広げる

イノベーションを実現するには、自分自身に優しくすることが大切ですが、それだけでは十分ではありません。周りの人々にも思いやりを持つ必要があります。アイデアを形にするためには、多くの人の協力が欠かせないからです。

アメリカのノースカロライナ大学のフレドリクソンらは、思いやりの気持ちを育てる方法とその効果について発見をしました。[*4] 研究では、会社員を対象に、七週間にわたるトレーニングを実施します。

トレーニングは週一回60分のグループセッションと毎日の個人練習で構成されています。グループセッションでは、20～30名の参加者が集まり、インストラクターの指導のもと、さまざまな内容を学びます。

セッションは、グループでのトレーニング、進捗確認と質疑応答、トレーニングの理論や日常生活への応用方法に関する講義で構成されています。

参加者は、自宅で毎日少なくとも五日間、録音された指示に従って実践することを求められました。

トレーニングの内容は段階的に進みます。

・**第一週**：自分自身への思いやりを育てます。例えば、リラックスした姿勢で座り、目を閉じ、自分の長所や短所を含めて、ありのままの自分を受け入れるイメージを描きます。例えば、「私は価値ある存在だ」「私が幸せで健康でありますように」といった言葉を心の中でつぶやきます。

・**第二週**：身近な人々への思いやりを育てます。家族や親しい友人を思い浮かべ、その人たちの幸せを願います。例えば、「あなたが幸せでありますように」「あなたが苦しみから解放されますように」といった言葉を心の中で唱えます。

・**第三週以降**：思いやりの対象を広げていきます。知人、見知らぬ人、さらにはすべての生きとし生けるものへと広げます。例えば、「世界中の人々が幸せでありますように」「すべての生物が苦しみから解放されますように」といった言葉を心に描きます。

トレーニングの結果、変化が起こりました。

トレーニングを受けたグループは、受けていないグループと比べて、ポジティブな感情を感じる頻度が増えました。喜び、感謝、満足感、希望、誇り、興味、愛情、畏敬の念といった感情を頻繁に感じるようになったのです。

特筆すべきは、これらの変化が徐々に現れ、時間とともに強まっていったことです。トレーニング開始から三週間目あたりから、ポジティブな感情の増加が顕著になりました。トレーニング期間が終了した後も、効果は続きます。

このポジティブな感情の増加は、さまざまな資源の向上につながりました。例えば、自己受容の向上、他者との良好な関係、病気の症状の減少などが観察されたのです。

これらは、参加者の生活満足度の増加と抑うつ症状の減少にもつながりました。思いやりの気持ちを育《はぐく》むトレーニングは、一時的な気分の改善をもたらすだけでなく、人生の質を全体的に向上させる効果があるということです。

効果が得られた理由について、フレドリクソンらは次のように説明しています。思いやりの気持ちを育《はぐく》むトレーニングは、ポジティブな感情を生み出します。ポジティブな感情は、私たちの視野を広げ、新しい可能性に気づかせてくれます。その結果、さまざまな資源が得られやすくなるのです。

例えば、他者への思いやりを育《はぐく》むことで、周囲の人々との関係が改善されます。困った時に助けを求めやすくなり、アイデアを実現するための協力を得やすくなります。また、自分自身への思いやりを持つことで、失敗を厭わずにチャレンジしやすくなります。

実践編：思いやりを広げる自己対話

イノベーションを実現するためには、自分自身だけでなく、周りの人たちへの思いやりも大切です。しかし、毎日の仕事に追われる中で、他者に対する思いやりを実践するのは簡単ではありません。

ここでは、日常生活や職場で取り組める二つの方法を紹介します。定期的な振り返りと、厳しい状況における対応の両方をカバーしています。

①段階的な思いやりの拡張

思いやりの対象を広げていくことで、包括的に思いやりの姿勢を育《はぐく》みます。

準備するもの：

- ノートまたはデジタルメモ
- 20〜25分の時間
- 静かで落ち着ける環境

手順1．自分自身への思いやり

- ノートの1ページ目に「自分」と書き、自分の長所や短所、現在の課題を三つ書きます。
- 各項目に対して、思いやりのある言葉をかけます。

・自己批判的な考えが浮かんだ場合は、それも書き出し、それに対する思いやりの言葉も加えましょう。

記入例：

・課題：プレゼン資料の作成が遅れている
□自己批判：「いつも締め切りギリギリ。もっと計画的にならないと」
□思いやりの言葉：「質の高い資料を作ろうとしている。時間管理を工夫してみよう。必要なら助けを求めてもいい」
・短所：新しい環境に慣れるのに時間がかかる
□思いやりの言葉：「慎重なのは長所でもある。自分のペースを大切にしながら、少しずつ挑戦を増やしていこう」
・長所：細部まで気を配る
□思いやりの言葉：「プロジェクトの質を高められる。ただし、完璧主義に陥らないように気をつけよう」

手順2．身近な人への思いやり

・2ページ目に「家族・友人・親しい同僚」と書き、複数の名前を挙げます。

・各人の現在の状況や課題を書き、それに対する思いやりの言葉を添えます。

記入例：

・田中さん（同僚）：新しいプロジェクトでプレッシャーを感じている

□思いやりの言葉：「大変な時期だけど、田中さんならきっと乗り越えられる。一人で抱え込まないでほしい」

・山田さん（後輩）：最近、自信がない様子

□思いやりの言葉：「山田さんの努力は、しっかり見ている。成長を感じる」

手順3．知人・同僚への思いやり

・3ページ目に「知人・同僚」と書き、普段あまり親しくない人も含めて複数の名前を挙げます。

・各人に対して、その人の視点に立って思いやりの言葉を書きます。

・その人の視点で世界を見るようなイメージトレーニングも行うと良いでしょう。

記入例：

・天野部長：残業が多く、疲れている
☐思いやりの言葉：「部長は部署のために頑張っている。プレッシャーも大きいだろう」
☐視点の想像：部下の成長を願いながらも、上からの要求の間で板挟みになっている

・細川さん（他部署）：いつも無愛想で話しづらい
☐思いやりの言葉：「コミュニケーションが苦手なのかもしれない。だが、仕事は正確で信頼できる」
☐視点の想像：対人関係に不安を感じているのか。または、集中して仕事に取り組みたいのか

・西野さん（新人）：いつも笑顔で挨拶してくれる
☐思いやりの言葉：「西野さんの笑顔で、みんなが元気をもらっている」
☐視点の想像：多くの人と接する中で、ストレスも感じているかもしれない

手順4．苦手な人・嫌いな人への思いやり

・4ページ目に「苦手な人・嫌いな人」と書き、複数の名前または役割を挙げます。

・各人に対して次の点を考えましょう。

□なぜその人を苦手・嫌いに感じるのか

□その人の背景や状況を想像する

□その人の良い面や苦労している点を見つける

□その人に対する思いやりの言葉を書く

記入例：

・久保さん（否定的な同僚）：

□苦手な理由：いつも否定的で、アイデアを出すと反発してくる

□背景の想像：過去に不本意なプロジェクトを経験し、慎重になっているのかもしれない

□良い面：ディテールにこだわり、リスクを事前に指摘してくれる

□思いやりの言葉：「久保さんの指摘は、プロジェクトの成功につながる視点。プレッシャーも感じているだろう」

・松下課長（厳格な上司）：

□苦手な理由：些細なミスも厳しく指摘する

□背景の想像：自身も手厳しい上司のもとで育ってきたのかもしれない。または、部下の成長を本気で願っている可能性もある

□良い面：仕事の質にこだわっており、顧客からの信頼も厚い

□思いやりの言葉：「松下課長なりの配慮の表現なのか。プレッシャーの中で、チームを守ろうとしているのかもしれない」

実践のコツ：

・この作業を定期的に行います。

・書いた内容を見直し、行動に移せることがないか考えます。

・リストの中から一人選んで短いメッセージを送ってみるのがおすすめです。

・毎回の実践後、自分の気持ちの変化を記録しておきましょう。

②即席の思いやりリフレーミング

イノベーションプロセスで思わぬ問題に突き当たった際に、即座に思いやりの視点を取り入れ、状況をポジティブに受け止めるための方法です。

準備するもの：

・メモ用紙やスマートフォンのメモアプリ
・10～15分の時間
・可能であれば、静かで人目を気にしない場所

手順1．状況の記述

・直面している問題を書き出します。
・事実と自分の解釈を分けて書くように心がけましょう。

記入例：

・事実：「新製品のプロトタイプが予定より二週間遅れている」
・解釈：「このままでは市場投入が遅れ、競合に先を越されるかもしれない」

手順2．感情の認識

・その状況で感じている感情を列挙します。
・感情の強さを5段階で評価しましょう（1：弱い～5：強い）。

記入例：

・焦り（4）
・不安（5）
・申し訳なさ（3）
・自分への怒り（2）

手順3．関係者の特定

・その状況に関わっている人々をリストアップします。

・直接的に関わっている人だけでなく、間接的に影響を受ける人も含めます。

記入例：

・自分（プロジェクトリーダー）

・開発メンバー（5名）

・上司（開発部長）

・営業部門（3名）

・協力会社の担当者（2名）

手順4．思いやりの視点

・各関係者について次の点を考えます。

□その人の立場や背景

□その人が感じているかもしれない感情や心配事

□その人の意図や目標

□その人に対する思いやりの言葉

記入例：

・自分（プロジェクトリーダー）：

□責任者として、プレッシャーを感じている

□不安、焦り、自責の念

□プロジェクトを成功させ、チームの実力を証明したい

□「最善を尽くしている。この経験は自分を成長させる。完璧を求めすぎないで」

・開発メンバー：

□技術的な課題に翻弄されながらも、努力している

□焦り、疲労、達成できないかもしれないという不安

□品質の高い製品を作り、プロジェクトに貢献したい

□「努力に感謝している。一人で抱え込まず、助け合おう」

・上司（開発部長）：

□部門全体の責任があり、経営陣への説明も求められる立場

□焦り、動揺、部下への期待と心配

□プロジェクトを軌道に乗せ、部門の評価を高めたい

□「部長も大変。率直に状況を共有し、一緒に解決策を見出そう」

・営業部門：

□顧客との約束に影響が出る可能性があり、八方塞がりの状況

□焦り、顧客の反応に対する不安、開発部門への苛立ち

□顧客との良好な関係を維持し、販売目標を達成したい

□「つらい立場。情報を共有し、協力して対応を考えよう」

・協力会社の担当者：

□契約上の納期を意識しながら、部品提供に努めている

□プレッシャー、スケジュール変更への戸惑い

□信頼関係を維持しつつ、自社の利益も確保したい

□「いつも柔軟に対応していただき、感謝」

手順5．リフレーミング

・思いやりの視点を踏まえて、状況を明るい視点で捉え直します。

・新たな対応策や学びの契機を見出します。

記入例：

・この遅れは、むしろチームの問題解決力を高める

・各部門の協力を得て、強固な体制を構築できる

・顧客との信頼関係を深めるチャンスでもある

・技術的な課題を乗り越えることで、製品の品質向上にもつながる

・今回の経験を、今後のプロジェクトマネジメントに活かすことができる

手順6．振り返り

・リフレーミング後の感情の変化を記録します。

・気づきや学びをメモします。

記入例：

・感情の変化：

□不安（5→3）：解決の道筋が見えてきた

□焦り（4→2）：段階的に対応することで落ち着いた

□チームへの感謝（新たに浮かんだ感情）：みんなの頑張りを再認識できた

・気づき：

□苦しい状況でも、多角的に検討することで新たな可能性が見えてくる

□チームの力を信じることの大切さを実感した

□コミュニケーションの重要性を再認識。情報共有を徹底しよう

実践のコツ：

・この方法は、ストレスを感じる場面で即座に活用できます。

・最初は時間がかかっても構いません。繰り返すうちに、自然と思考プロセスが身につきます。

・何度も用いることで、困難に満ちた状況への対応力が向上します。

・実践後の行動とその結果も記録し、次回の実践に活かしましょう。

これらの方法を通じて、思いやりの気持ちを育《はぐく》み、広げていくことができます。苦手な

人や理解が難しい人に対しても思いやりを持つことで、イノベーションプロセスにおける協力関係が強いものになります。

継続的な実践によって思いやりの姿勢が身につき、職場全体の雰囲気改善にもつながります。厳しい状況にさらされた時も、うまく対応できるようになるでしょう。

優しい友人からの声がけを想像する

セルフ・コンパッションを高めるさらなる方法に、「マインドフルネス・セルフ・コンパッション（ＭＳＣ）プログラム」というものがあります。このプログラムは、マインドフルネスと自分への思いやりのスキルを組み合わせて、参加者が自分自身に支持的になることを目指しています。テキサス大学オースティン校のネフらの研究によれば、この方法はセルフ・コンパッションを高め、ストレスや不安を減らす効果があります。[*5]

ネフらは、主に中年層の成人を対象にＭＳＣプログラムの効果を検証しました。参加者は、ＭＳＣプログラムを受けるグループと待機リストグループに分けられ、前者は八週間にわたるプログラムに参加しました。

八週にわたるセッションごとにテーマが示されており、さまざまな側面を扱っているのがわかります。

- 第一週：セルフ・コンパッションの概論とプログラムの導入
- 第二週：マインドフルネスの基礎知識
- 第三週：さまざまな生活の側面におけるセルフ・コンパッションの応用
- 第四週：内面的な優しい声を育《はぐく》む方法
- 第五週：核となる価値観に基づいた生き方の重要性
- 第六週：困難な感情に対処するスキル
- 第七週：難しい人間関係の扱い方
- 第八週：自分自身や自分の人生の肯定的な側面を評価し、感謝する方法

研究の結果、ＭＳＣプログラムに参加したグループは、待機リストグループに比べてセルフ・コンパッションの得点が向上し、ストレスや不安のレベルが低下しました。特に、プログラムを通じて得られた自分への優しさや共感の感覚が、自己批判的な思考を和らげ

ることが確認されました。

ＭＳＣプログラムの中で注目に値するのは、いくつかのステップにおいて、「**友人からの視点で優しい言葉をかける**」という要素が含まれている点です。

例えば、参加者にはセッション間で宿題が出されたのですが、その一つは、理想的な友人が自分にどのような優しい言葉をかけてくれるかを想像し、その視点から手紙を書くというものでした。

また、参加者が自己批判的な言葉をどのように使っているかを確認し、その代わりに、友人からの視点で優しく支えるような言葉に置き換える練習が行われています。セルフ・トーク（自分自身に対して行う内面的な自己対話）を見直す際にも優しい友人からの視点が持ち込まれているのです。

さらに、ストレスを感じた時、自分の心臓に手を当て、セルフ・コンパッションのフレーズを繰り返すという非公式的な実践も紹介されていますが、ここにおいても、優しい友人がかけてくれるような言葉を使うことが奨励されています。

優しい友人の視点から自分に対して声をかけるというアプローチは、セルフ・コンパッションを高める上で有効であることがうかがえます。このことを活かすとすると、セルフ・

コンパッションを高めるための実践として、例えば、次のような内容を考えることができます。

- **静かな環境を整える**：リラックスできる環境を整えます。椅子に座り、大きく息を吸って心を落ち着けます。
- **状況を想像する**：最近経験した試練について考えます。状況を思い浮かべ、その時の感情や考えを感じ取ります。
- **優しい友人を想像する**：優しい友人が自分を慰め、励ます場面を詳細に想像します。友人がどんな表情をしているかをイメージします。
- **声がけの内容を思い描く**：友人が言うであろう言葉を思い浮かべます。例えば、「大丈夫、誰でもミスはある」「君の努力はちゃんと見ている」「次はもっと良くなる」など、自分に対して優しい言葉をかける場面を描きます。
- **感情を感じ取る**：友人の声がけを受けた後、自分がどのように感じるかに意識を向けます。安心感や温かさを覚えることができれば、その感情を受け入れます。

友人の声がけをリアルに想像することが重要です。頭の中で、友人の存在を感じ取りましょう。

実践編：自分を支える力を育む

思いやりのある友人の視点から自分を見つめ直す手法は、イノベーションの実現プロセスにおける壁を突破するために効果的です。ここでは、そのステップと、イノベーションの文脈での使い方を紹介します。

ステップ1：環境を整える

集中できる場所を用意しましょう。オフィスの一角や自宅の落ち着ける部屋などが適しています。スマートフォンの通知をオフにし、外からの刺激を抑えます。

イノベーションの実現プロセスにおいては、外部からの要求にさらされることが多いでしょう。しかし、自分と向き合うためには、一時的にそれらから離れることが大事です。例えば、新製品の開発中に予期せぬ技術的問題が発生した時、一歩引いて自分と向き合う時間を作りましょう。

部屋の照明を少し落とし、柔らかな雰囲気を作るのも一策です。窓の近くに座り、外の景色を眺めることで視野が広がるかもしれません。お気に入りの観葉植物や写真を置いてリラックスできる空間を作るのも良いでしょう。

ステップ2：リラックスした姿勢を取る

椅子に腰かけ、背筋を伸ばしましょう。両足を床につけ、手は膝か腿の上に置きます。目を閉じるか、軽く下を向きます。

姿勢を整えることで、深い自己対話が可能になります。イノベーションの過程で感じるプレッシャーや緊張からしばしの間、解放され、自分の状況を見つめることができます。

肩の力を抜き、顎を引くことで、さらにリラックスできます。必要に応じて、首や肩をほぐすのも良いでしょう。体の緊張が解けていくのを感じながら、心の準備を整えます。

ステップ3：深呼吸をする

ゆっくりと呼吸をします。吸う息と吐く息を意識し、体の緊張を和らげます。

深呼吸は、ストレスを軽減し、冷静な思考を取り戻します。鼻から息を吸い、口からゆっくりと吐き出します。吐く息は吸う息の約2倍の長さを目安にするのがおすすめです。

ステップ4：困難な状況を思い浮かべる

今、直面している苦境について考えます。それがイノベーションプロセスのどの段階で発生しているのか、どのような影響があるのかをイメージします。

例えば、事業アイデアを経営陣に提案したが、厳しい反応を受けた場合を考えてみます。「アイデアに現実味がない」「リスクが高すぎる」「既存の事業との整合性がない」といったダメ出しに、落胆している自分の姿を思い浮かべます。

会議室を出た後の自分、肩を落とし、足取りが重くなっている自分、デスクに戻ってモニターをぼんやりと見つめる自分を思い描きます。周囲の同僚の視線が気になり、落ち着かない様子を思い浮かべてみましょう。

プロジェクトの今後について不安が募り、自分の力量や判断力を疑い始める自分の姿も想像します。これらの状況を鮮明に描くことで、次のステップが深まります。

ステップ5：感情や思考を認識する

逆境の中で生まれる感情や浮かんでくる思考を観察します。批判的な内なる声に耳を傾け、それを言葉にしてみましょう。

「自分には才能がない」「このままでは評価が下がってしまう」「二度とチャンスをもらえない」「力不足だった」といった思考が浮かんでくるかもしれません。これらの思考をただ観察します。

体の感覚にも注意を向けます。胸が締め付けられるような感覚や、胃が重くなるような感覚があるかもしれません。首や肩に力が入ったり、息苦しさや動悸を感じたりすることもあるでしょう。

これらの感情や体の感覚を、科学者が実験を観察するように見つめます。「今、私はこのように感じている」と、自分の状態を言葉で表現してみましょう。

ステップ6：優しい友人を想像する

自分のことをよく知り、理解してくれる友人を想像します。友人は賢明で、思いやりに満ちた人物です。自分の長所も短所も理解し、無条件に受け入れ、支えてくれる存在です。友人は自分の創造性や挑戦心を評価し、同時にビジネスの現実も理解している人物かもしれません。

例えば、過去にイノベーションを成し遂げた先輩や、常に建設的なアドバイスをくれる同僚を思い浮かべるのも良いでしょう。

友人の顔や表情をイメージします。友人が自分の前に座っている様子を心に描きます。温かい眼差しで、自分の話に耳を傾けてくれることでしょう。友人の服装や髪型、座り方も想像することで、現実味のある場面を作り出せます。

友人の周りの雰囲気も思い巡らしてみましょう。友人の持つ落ち着いた雰囲気を感じ取ります。友人の存在が、自分の緊張を和らげてくれるのを感じるかもしれません。

ステップ7：友人からの声がけを想像する

優しい友人が、今の自分の状況をどう見ているかを考えてみます。友人はどのような言葉をかけてくれるでしょうか。声のトーン、顔の動き、身振り手振りまで思い浮かべます。

例えば、こんな言葉をかけてくれるかもしれません。

「アイデアが受け入れられなかったのはつらいだろう。ただ、それはあなたの価値を決めるものではない。むしろ、大胆な提案ができる勇気があることを誇りに思っていい」

友人が話す様子を心に浮かべます。優しい表情で微笑みながら、自分の目を見つめ、ゆっくりと話す姿を頭に描きます。声のトーンは落ち着いていて、温かみがあります。

「否定や反対は、アイデアを磨くチャンスでもある。この経験から何かを学べるはず」

友人は少し前に身を乗り出し、自分に近づくようにして話してくれるかもしれません。表情は真剣で、目には励ましの光が宿っています。

「あなたの創造性と情熱は素晴らしい。今回うまくいかなくても、それは変わらない」友人はあなたの肩に優しく手を置きます。温もりを感じながら、友人の笑顔を見ます。友人の声には力強さがあり、あなたを信じていることが伝わってきます。友人の言葉一つ一つに、深い理解と共感、奨励が込められています。言葉が心に染み込んでいくのを感じます。

ステップ8：友人の言葉を味わう

友人の言葉を心の中で繰り返し、その意味を考えます。言葉が自分にどんな影響を与えるか、感じてみます。体の中に安心感が広がっていくかもしれません。

例えば、「アイデアが受け入れられなかったのはつらいだろう」という言葉を聞いて、自分の感情が認められたことによる安堵を抱くかもしれません。自分の感情を抑え込む必要がないと気づき、肩の力が抜けるのを感じます。

「大胆な提案ができる勇気があることを誇りに思っていい」という言葉に、自信が戻ってくるかもしれません。挑戦したことに価値があると認識し、胸が熱くなります。

「あなたの創造性と情熱は素晴らしい」という言葉を聞いて、自分の強みを見つめ直すかもしれません。一時的な失敗では自分の本質的な価値は変わらないと感じ、自己肯定感が高まるでしょう。友人の言葉を聞いた後の自分の変化を感じてみましょう。肩の力が抜け、呼吸が楽になったり、胸のつかえが軽くなったりする可能性があります。

ステップ9：自分自身に語りかける

今度は、自分自身がその優しい友人になったつもりで、自分に語りかけてみます。優しく、思いやりのある言葉で自分を励まします。

「アイデアが受け入れられなかったのは残念だった。ただ、それは私の価値を決めるものではない。私は新しいことに挑戦する勇気を持っている」

「イノベーションは簡単ではない。でも、私には創造性があり、粘り強さもある。この経験を糧に、さらに良いアイデアを生み出せる」

これらの言葉を、声に出して言ってみるのも良いでしょう。自分の声で自分を励ますことで、深く言葉の意味を受け止めることができます。言葉に込める感情や口調にも注意を払いましょう。温かみのある話し方を心がけます。

ステップ10：新たな視点で状況を見直す

友人からの声がけと自分自身への語りかけを通じて、状況を新たな視点から見直します。反発やつまずきを学びの機会として受け止めます。

例えば、経営陣からの批判を、アイデアを強固にするためのフィードバックとして受け取ることができます。「リスクが高すぎる」という指摘によって、リスク管理を練り直すことができます。段階的な計画を立てたり、パイロットプロジェクトを検討したりすることで、リスクを軽減できるかもしれません。

「現実味がない」という批判は、実行計画を立てる必要性を示唆しています。顧客ニーズを明確にすることで、アイデアの実現可能性を高められるかもしれません。

「既存の事業との整合性がない」という苦言は、アイデアと既存の事業とのシナジーを見出す突破口となります。

例えば、既存の顧客基盤や販売チャネルをどのように活用できるか、アイデアが既存事業にどのような付加価値をもたらすかを示すことで、整合性を高められる可能性があります。

この経験を通じて自分がどのように成長できるかも考えてみましょう。プレゼンテーションスキルの向上、リスク分析力の強化、組織内の利害関係者との信頼関係など、自己研鑽の余地を見つけることができるでしょう。

ステップ11：感謝の気持ちを表す

最後に、自己対話の時間に感謝の気持ちを表します。自分自身に、そして想像上の優しい友人に「ありがとう」と言葉にします。

自分自身に対して、例えば、「苦しい状況に向き合う勇気を持ってくれてありがとう」と伝えます。アイデアを提案し、ダメ出しに直面しても諦めなかった自分に感謝の気持ちを向けます。

想像上の友人に対しては、「支えてくれてありがとう」と心の中で伝えます。たとえ仮想の存在であっても、その存在が与えてくれた励ましと洞察に感謝します。

このように「優しい友人からの声がけを想像する」という手法は、シンプルでありながら強力です。イノベーションの実現に向けて、この手法を活用することで、窮地を乗り越え、創造性を発揮し続けることができるでしょう。

働きかけによって脳に変化が生じる

本章ではコンパッション向上の方法を紹介してきました。しかし、「コンパッションを高める方法には、本当に効果があるか」という疑問が湧く人もいるかもしれません。

この疑問に答える研究があります。ウィスコンシン大学マディソン校のウェンとその研究チームが行った実験において、コンパッションのトレーニングが脳に変化をもたらすかどうかが調査されています。[*6]

実験には成人が参加し、41名のデータが得られています。参加者は二つのグループに分けられ、一方のグループはコンパッションのトレーニングを、もう一方のグループは感情調整のトレーニングを受けました。

コンパッションのトレーニングでは、参加者は二週間にわたり、一日30分間、音声ガイドに従って実践を行います。実践では、さまざまな対象（自分自身、親しい人、見知らぬ人、困難な関係にある人）に対して思いやりの気持ちを育《はぐく》むことを目指しました。相手の幸せを願ったり、苦しみから解放されることを願ったりします。

一方、感情調整のトレーニングにおいては、ストレスを感じる出来事を異なる視点から再考し、ネガティブな感情を和らげる方法を学びました。これは、一般的なストレス対処法に似ています。

トレーニングの効果を確認するために、研究チームは二つの方法を用いました。一つは脳の活動変化を測るｆＭＲＩ（機能的磁気共鳴画像法）、もう一つは利他的行動を測定する経済ゲームです。

ｆＭＲＩでは、トレーニングの前後で、参加者が人間の苦しみを描いた画像を見ている時の脳活動を測定しました。経済ゲームでは、「再分配ゲーム」と呼ばれる方法を使って、参加者が見知らぬ人を助けるためにどれだけのお金を使うかを調べました。

結果は、コンパッションのトレーニングが有効であることを示すものでした。まず、行動面での変化が見られました。コンパッションのトレーニングを受けたグループは、感情調整トレーニングを受けたグループと比べて、再分配ゲームでより多くのお金を使って見知らぬ人を助けました。二週間のトレーニングで、利他的行動が増えたのです。

さらに注目すべきは、この行動変化が脳の活動パターンの変化と関連していたことです。fMRIの結果では、コンパッションのトレーニングを受けたグループの脳内で、次の領域に活動の変化が見られました。

- 他者の視点に立つことや共感に関わる領域
- 感情調整や意思決定に関わる領域
- 報酬系に関わる領域

この結果は、コンパッションを高めるトレーニングが心がけに留まらず、脳の活動を変え、それが行動の変化につながることを示唆しています。

ウェンらの研究は、これまで紹介してきたコンパッション向上策が効果を持つことを表しています。自己対話や他者への思いやりの実践は、脳の働きを変え、行動を変える威力を持っています。

習慣化によってコンパッションが強くなる

コンパッションを高める方法は、習慣化することでその効果がさらに大きくなります。スタンフォード大学のジャザイエリらによる研究を見ていきましょう。[*7] コンパッションのトレーニングを開発し、その効果を時間の経過とともに検証しました。

調査は、地域社会から募集された成人を対象に行われました。参加者は二つのグループに分けられ、一方のグループは九週間にわたるトレーニングを受け、もう一方のグループは、介入を受けないウェイトリスト（対照群）としていました。

トレーニングは、週一回2時間のグループセッションと、毎日の個人練習で構成されます。参加者は、少なくとも週に15分（最大30分まで）、自宅で録音された指示に従ってコンパッションの実践を行うことが推奨されました。

研究チームは、トレーニング期間の前後で参加者の心理状態を測定します。その結果、トレーニングを行ったグループに変化が見られました。

とりわけ、コンパッションの三つの側面（他者へのコンパッション、他者からのコンパッションの受容、自分へのコンパッション）すべてにおいて改善が見られた点は見逃せません。

さらに、トレーニングを行ったグループでは、実践の時間が長いほど、他者へのコンパッションの改善が大きいという関連性も見出されました。

一方、対照群では九週間の期間が経過しても、コンパッション関連の指標に大きな変化はありませんでした。

この研究は、コンパッションを高める方法を習慣化することの重要性を示しています。一度や二度の実践だけでは、大きな効果は期待できませんが、少しずつ続けることで、効果は時間とともに大きくなっていきます。

コンパッションを高める習慣を身につけることで、イノベーションの実現に向けた基盤を築くことができます。習慣化の強さは計り知れません。

実践編：コンパッションを習慣にするために

コンパッションを高めるには、習慣化が大事です。新しい習慣を身につけるのは簡単ではありませんが、コンパッションを日常の一部にすることを狙いましょう。

新しい取り組みが習慣になるには、何か月かかかります。この期間を乗り切るために、小さな一歩から始めます。そうすることで、達成感を得やすく、続けるためのモチベーションを維持できます。例えば、「毎朝出社する時、エレベーターの中で同僚の幸せを1分間願う」というところから始めてみるのは、どうでしょうか。このレベルの実践であれば、いつもの生活に取り入れられ、習慣化の出発点となります。

すぐに結果を求めない

すぐに大きな変化を期待しないようにします。即効性を求めるとプレッシャーがかかり、長続きしなくなります。例えば、「一週間でチーム全体の雰囲気を変える」と考えるよりも、「今日一日、同僚の話をよく聞く」といったことに焦点を当てましょう。

日々の変化が積み重なり、やがて大きな変化に結びつきます。この過程を楽しみましょう。例えば、コンパッションを実践し始めて1か月後に「以前より同僚の表情に気を配れるようになった」という変化に気づいたら、それを素直に喜びます。

毎日実践する

コンパッションを習慣にするには、毎日実践するのが有効です。「今日は実践しようか」と迷う必要がなくなるため、意思決定の疲れを減らし、習慣化を確実なものにすることができます。

例えば、通勤電車の中で、周りの乗客に「良い一日を過ごせますように」と心の中で願うことを習慣にしてみても良いでしょう。毎日の実践が、やがてコンパッションを自然に発揮することにつながります。

一方で、「毎日」という言葉にこだわりすぎないようにします。時には忘れてしまったり、状況によっては実践できない日もあったりするでしょう。そんな時も自分を責めず、翌日からまた新たな気持ちで続けます。

ついでに実践する

忙しい日常の中で新しい習慣を取り入れるのは大変です。そのため、既存の日課や行動の「ついでに」コンパッションの実践を組み込みます。例えば、コーヒーを入れる際、その香りを楽しみながら自分の幸せを願う時間とする。または、エレベーターのボタンを押す瞬間に、乗り合わせた人々への思いやりの気持ちを持つなど。

日常の行動にコンパッションを加えることで、習慣化が進みます。「ついでに」行う実践は、特別な時間や労力を必要としないため、続けやすいという長所があります。

こうした実践は日常の何気ない瞬間を、意味のあるものに変えます。例えば、手を洗う時に「自分の健康を願う」という思いを込めることで、衛生習慣が思いやりの行為に変わります。

テクノロジーを活用する

スマートフォンのリマインダー機能やアプリを使うことで、習慣化を進められます。テクノロジーは忙しい現代社会で習慣を維持するための味方となります。

例えば、一日一回（朝）、「コンパッションの瞬間」としてアラームを設定し、その時に自分への思いやりを意識するといった方法があり得ます。ツールを上手に使えば、慌ただしい毎日でもコンパッションの実践を忘れずに済みます。

進捗を可視化する

進捗を目に見えるようにすることで、習慣化の過程を実感できます。

例えば、壁かけカレンダーを用意し、コンパッションを実践した日にシールを貼る。日記アプリを使って、その日のコンパッション実践について短く振り返る。これらの方法で自分の成長を視覚的に確認でき、続ける励みになります。

自分で決める

コンパッションを習慣にするには、自分で実践方法や頻度を決めることが重要です。他人に強制されるのではなく、自分で決めることで、内側からモチベーションが湧き出ます。例えば、「今週は毎日一回、コンパッションを高める実践をする」といった目標を自分で設定しましょう。

自分で決めた実践は責任感と達成感をもたらし、習慣化を促します。自分の生活リズムや価値観に合った方法を選べるので、長期的に続けられます。

以上の方法を活用して、自分なりの習慣化の一歩を踏み出してみてください。小さな実践の積み重ねが、大きな変化をもたらします。

コンパッションの程度を評価する

イノベーションの実現にはコンパッションが重要であると理解しても、「自分にはどのくらいコンパッションがあるのだろう？」と疑問に思う人も多いでしょう。ここでは、自分へのコンパッション（セルフ・コンパッション）と他者へのコンパッションを評価するためのチェックリストを紹介します。

チェックリストは学術研究で使われている尺度を参考にしていますが[*8]、本書の文脈に合わせて使いやすいように大幅に修正し、作り変えています。特に、使用方法については学術的な尺度とは異なり、内省を目的としています。厳密な心理測定とは違うことをご了承ください。

チェックリストは、点数を出すことが重要ではありません。各項目について考え、普段の自分の行動や考え方を振り返るツールとして活用していただきたいと思います。評価の過程そのものが、自己理解とコンパッションの実践につながり得ます。次の各項目について、普段の自分の行動や考えを振り返りながら、どの程度当てはまるかを5段階で評価してください。具体的な場面や経験を思い出すと、評価しやすくなるでしょう。

1 全く当てはまらない
2 あまり当てはまらない
3 どちらともいえない
4 やや当てはまる
5 非常によく当てはまる

セルフ・コンパッション評価

①失敗した時、自分を責めすぎずに、優しく接することができる
②困難な状況でも、バランスの取れた見方をしようと努める
③自分の欠点や弱さも、人間として自然なものだと受け入れられる

他者へのコンパッション評価

④苦しんでいる人を見ると、具体的な支援行動を取ろうとする
⑤他人の失敗を見ても、厳しく批判せず、温かい気持ちで接する
⑥他人の苦しみを和らげるため、自ら行動を起こそうとする

それぞれのカテゴリーの合計点を計算してください。各カテゴリーの合計点は3点から15点の範囲となります。

得点の目安は次のとおりですが、あくまで参考程度に捉えてください。繰り返しになりますが、重要なのは、各項目について考え、自分自身を理解することです。

- 13〜15点：コンパッションが非常に高い状態にあります。この強みを活かし、さらに深めていきましょう。
- 10〜12点：コンパッションがやや高い状態にあります。良好ですが、向上の余地があります。
- 7〜9点：コンパッションが中程度の状態にあります。日常生活の中で意識的にコンパッションを実践すると良いでしょう。

・3〜6点：コンパッションがやや低い状態にあります。各項目をよく理解し、日常生活で実践していくことで、コンパッションを徐々に高めていくことができます。

それでは、各項目について見ていきましょう。

セルフ・コンパッション評価の詳細解説

①失敗した時、自分を責めすぎずに、優しく接することができる

この項目を評価する際は、最近、経験した挫折の場面を思い出してください。その時、あなたは自分にどう接しましたか。厳しい言葉で自分を責めたでしょうか、それとも理解と優しさを持って接することができましたか。

例えば、プレゼンテーションにおいて緊張して言葉に詰まった時、「なんてダメなんだ」

と自分を責めたでしょうか。それとも「緊張するのは自然なこと。次はきっとうまくいく」と自分に語りかけましたか。

セルフ・コンパッションが高い人は、うまくいかないことがあっても、自分の価値と切り離して考えます。失敗は学びの起点であると理解しています。自分に優しく接するというのは甘やかすことではなく、失敗から学び、次に活かすための心の余裕を持つことです。

②困難な状況でも、バランスの取れた見方をしようと努める

この項目を評価する際は、最近突き当たった問題状況を思い出してください。あなたはその状況をどう捉えましたか。問題を過大評価したり、感情的になったりしませんでしたか。状況を分析し、バランスの取れた見方をしようとしましたか。

例えば、プロジェクトに遅延が発生した時、「もうダメだ」と思いましたか。それとも「遅れはあるけれど、挽回の余地はある。どうすれば計画を調整できるだろうか」と考えましたか。

セルフ・コンパッションが高い人は、不測の事態でも落ち着きを保ち、バランスの取れ

た見方をします。問題の深刻さを認識しつつも、それを客観的に捉え、対応を考えます。

③自分の欠点や弱さも、人間として自然なものだと受け入れられる

この項目を評価する際は、自分の苦手な部分について考えてください。それらを恥ずかしいもの、隠すべきものと考えていませんか。それとも、人間として自然なものとして受け入れていますか。

例えば、不得意な業務に取り組む時、「自分は無能だ」と思いますか。それとも「誰にでも得手不得手はある。他の人の助けを借りよう」と考えますか。

セルフ・コンパッションが高い人は、完璧な人間などいないこと、誰もが至らぬ点を持っていることを理解しています。

他者へのコンパッション評価の詳細解説

④苦しんでいる人を見ると、具体的な支援行動を取ろうとする

この項目を評価する際は、最近、悩みを抱えている人を見た場面を思い出してください。あなたは支援行動を取ろうとしましたか。

例えば、困っている同僚を見ることがあるでしょう。その時に、「一緒に問題点を整理しよう」と声をかけたり、自分の経験を共有したりしましたか。他者に対するコンパッションが高い人は相手の苦しみを認識するだけでなく、それを和らげるための行動を取ります。

⑤他人の失敗を見ても、厳しく批判せず、温かい気持ちで接する

この項目を評価する際は、最近、他人の失敗を見た場面を思い出してください。あなた

はその人をどう見ましたか。非難しましたか。それとも温かい気持ちで接することができましたか。

例えば、同僚が準備不足のプレゼンテーションをした時、「ひどいな」と思いましたか。それとも「誰にでもしくじりはある。次はうまくやるだろう」と温かい気持ちで見守りましたか。

他者へのコンパッションが高い人は、不手際を責めるのではなく、学びの出発点として認識します。温かい気持ちで接するというのは、失敗を無視したり軽視したりすることではなく、失敗から学び、成長するための支援をする姿勢を指します。

⑥他人の苦しみを和らげるため、自ら行動を起こそうとする

この項目を評価する際は、最近、手詰まりの状態にある人を見た場面を思い出してください。あなたはその人の苦しみを和らげるために行動しましたか。

例えば、家族の介護で疲れている同僚がいた時、「仕事の一部を引き受ける」と申し出たり、介護サービスの情報を集めて提供したりしましたか。

他者へのコンパッションが高い人は、相手の悩みを軽くしたいという気持ちを持ち、それを行動に移します。自分にできることを探し、実行に移します。

なお、このチェックリストは、自分のコンパッションの程度を把握するためのものです。点数が低かったからといって落胆する必要はありません。コンパッションは実践によって高められるものだからです。

逆に、点数が高かった場合も、それで満足せずに、コンパッションを高めるべく実践し続けることが大切です。コンパッションは、知識として理解するだけでなく、行動に表れることで真価を発揮します。

チェックリストを繰り返し確認し、各項目について考えることで、自分のコンパッションの変化を追跡して、さらなる成長につなげることができます。セルフ・コンパッションと他者へのコンパッションをともに高めていきましょう。

コンパッション向上後、さらに行うべきこと

コンパッションを高めることで、イノベーションの過程で発生する、さまざまな逆境に対して、しなやかに対応できるようになります。

ここでは、コンパッションを向上させた後に求められる行動について、

①現状把握　②計画立案　③調整・交渉

という三つの観点から説明します。

①現状把握

コンパッションが向上すると、自分や他者への批判から解放され、状況を落ち着いて検

討できるようになります。この基盤をもとに、次のような行動を取ると良いでしょう。

ヒアリング

プロジェクトの関係者から意見を聞き、その背後にある感情や価値観にも注意を払います。ある食品メーカーで新しい健康食品の開発が難航しているとします。プロジェクトリーダーは開発チーム、マーケティング部門、販売部門、経営陣などから意見を収集します。開発チームの担当者は、過去のプロジェクトで原材料に問題があった経験に基づいて、「新しい材料の安定供給に不安がある」と述べるかもしれません。マーケティング部門は、市場競争への不安を反映して、「競合他社の動きが気になる」と発言するかもしれません。

コンパッションを持って丁寧に聞くことで、表面上の意見だけでなく、その裏にある懸念や期待を理解することができます。

非公式な対話

公式的な会議や報告に加え、廊下での立ち話や昼食時の雑談といった非公式なコミュニケーションを大切にします。

例えば、チームメンバーとコーヒーを飲みながら雑談する時間を作ります。そのような場だからこそ、本音が出ることもあります。若手社員が「アイデアを出したいが、上司の反応が怖い」と打ち明けてくれるかもしれません。ベテラン社員が「過去の失態が頭をよぎり、積極的になれない」と語ってくれる可能性もあります。

非公式な対話を通じて、プロジェクトの進行を妨げている障壁に気づくことができます。

観察とフィードバック要請

言葉だけでなく、メンバーの表情や態度、チーム全体の雰囲気に目を凝らします。自分の言動がどのような影響を与えているかについてもフィードバックを求めます。

例えば、会議中のメンバーの表情や姿勢に注目します。誰かが常に黙っていたり、特定の話題で表情が曇ったりする様子があれば、それをメモしておきます。

自分の発言や判断がチームに与える影響について、フィードバックを募ることも有効です。「私の意思決定スタイルに改善の余地がある場合、教えてください」といった形で意見を求めます。

観察とフィードバック要請を通じて、言葉では表現されない問題や、自分自身の見落としに気づくことができます。

コンパッションを基盤とした現状把握によって、プロジェクトの進捗だけでなく、チームの心理状態や隠れた課題を発見することができます。

②計画立案

コンパッションは、失敗を気にせず挑戦する気持ちを与え、現実的な制約を認識できるようにします。その上で、改善に向けた計画を立てましょう。

参加型の策定

計画立案に際しては、関係者を巻き込み、多様な視点を取り入れることで、計画に対する当事者意識を高めます。

例えば、新しい健康食品の開発プロジェクトでは、開発チーム、マーケティング部門、販売部門の代表者が集まり、計画を立てると良いでしょう。各部門から目標や課題、リスクについて意見を出してもらいます。

開発チームは「原材料の安定供給のため、複数のサプライヤーと契約する必要がある」と提案するかもしれません。マーケティング部門が「競合他社の動きを見極めるため、発売時期に柔軟性を持たせたい」と要望することもあるでしょう。

これらの意見を取り入れることで、現実的で包括的な計画を立てることができます。

シナリオプランニング

単一の計画に頼るのではなく、複数の可能性を考慮に入れることで、さまざまな事態に対応できるようにします。

例えば、基本計画（プランA）に加え、「原材料の供給が不安定になった場合」（プランB）や「競合他社が先に類似製品を発売した場合」（プランC）などのシナリオを用意します。チーム全体でシナリオを考えることで、リスクへの対応力を高めます。

マイルストーンの設定

大きな目標を小さな段階に分け、各段階で振り返りと計画の見直しを行います。

例えば、18か月の開発プロジェクトを3か月ごとのフェーズに分け、各フェーズの終わりには進捗状況の確認や課題の洗い出し、次フェーズの見直しを行います。

計画通り進んでいるかを確認するだけでなく、「このフェーズで学んだことは何か」「次のフェーズで予想される課題は何か」といった議論を行うと良いでしょう。コンパッションがあれば計画の変更を「失敗」ではなく「学習と適応」として理解することができます。

柔軟に計画を運用することで、チーム全体が計画を自分ごと化し、予期せぬ事態に適応する準備が整います。

③調整・交渉

コンパッションによって、他者の立場や感情を深く読み解く動機づけができます。これを基盤として、調整・交渉を行いましょう。

利害関係の理解

交渉や調整を行う前に、相手の立場や目標、制約、懸念事項などを理解します。

例えば、健康食品の開発プロジェクトにおいて製造部門との調整が必要な場合、質問を通じて理解を深めます。

- 新製品の製造が生産ラインにどのような影響を与えるか
- 新しい製造プロセスの導入に対する懸念は何か
- 製造部門としてプロジェクトに何を期待しているか

対話を通じて、製造部門の心配事や展望を把握することができます。「新製品の導入が既存製品の生産効率を下げることに対する不安」や「新しい技術を習得することで従業員のスキルアップを図りたい」という願望が見えてくるかもしれません。

共通の目標設定

対立する意見がある場合、共通の目標を見出すことが大事です。

例えば、開発部門は「画期的な新製品の開発」を、製造部門は「効率的な生産体制の維持」を重視しているとします。一例ではありますが、この場合、「持続可能な企業成長」

という共通の目標を設定することで、両者の利害を調停することができます。「新製品の開発と既存製品の効率的生産を両立させ、会社全体の競争力を高める」というビジョンを共有し、新製品の段階的導入や製造ラインの最適化といった策について話し合います。

長期的な関係

単発の交渉や調整ではなく、継続的な対話と協力関係の構築を目指します。

例えば、開発プロジェクトの進行中には、定期的に製造部門とのミーティングを設定します。進捗報告だけでなく、互いの課題や成功事例を共有し、両部門の社員の交流を企画するなど、部門を超えた人間関係の深化も図ります。

対話と交流によって、部門間の関係が深まり、将来の協働が円滑に進むようになります。コンパッションを基盤とした調整や交渉によって、短期的な妥協点を見出すだけでなく、長期的な協力関係を築くことができます。これらの行動は、コンパッションという基礎があるからこそ、効果的に行うことができます。難局に巻き込まれても、自分自身と他者への思いやりを忘れずに、イノベーションに向けて取り組むことが可能です。

コンパッションで立て直しながら進める

イノベーションの軌跡は、障害に遭遇し、それを乗り越えていくことそのものです。この道を進むためには、コンパッションが欠かせません。コンパッションを活用して自分を立て直し、再び前進する。この繰り返しが、イノベーションを成功に導きます。

困難とコンパッションの連続

イノベーションの過程では、次々と挑戦が到来します。資金獲得がうまくいかないことや、技術的な壁にぶつかること、厳しい市場評価、競合他社の台頭など、いくつもの障害が現れます。難題を押し付けられると、イノベーターは挫折感や自己疑念、時には絶望さえ感じます。

しかし、ここでコンパッションが本領を発揮します。自分に対する思いやりを持つことで、絶望的な局面を新しい視点から解釈することができます。予期せぬ問題を障害物としてではなく、創造性を発揮するチャンスと見ることもできます。

「困難→コンパッション→立て直し→前進」という流れは、イノベーションプロセスにおいて繰り返されます。例えば、資金獲得が空振りに終わった時には、一時的に落ち込むかもしれませんが、コンパッションを通じて「これは経営陣の視点を学ぶタイミングだ」と考え直し、ビジネスプランを改善します。

技術的な問題に直面した時も同じ流れが繰り返されます。最初は「自分の力不足が原因だ」と自己批判に陥るかもしれませんが、コンパッションを通じて「これは新しい技術を探求するチャンスだ」と解釈し直します。

こうしたことを繰り返すうちに、イノベーターは成長していきます。最初は問題に取り組むたびに落ち込んでいたのが、その期間が短くなっていきます。自己批判の声も弱まり、「ここから何を学べるだろうか」という思考が自然に湧いてくるようになります。

この過程においてコンパッションそのものが習慣化していきます。初めのうちは意識的に行っていた自分への思いやりが、自然と湧き上がるようになります。

習慣化がもたらす変化

習慣化によって、イノベーターはより早く難局から立て直せるようになります。例えば、初めての失敗時には数週間落ち込んでいたのが、二回目は数日で、三回目には数時間で気持ちを切り替えられるようになるかもしれません。

同時に、困難への対応力も向上していきます。当初は問題に圧倒されていたのが、安定した心で状況を検討し、解決策を見つけられるようになります。これは、コンパッションが問題解決力を高める効果があることを示しています。

コンパッションが習慣化されると、苦境そのものを、ある種の挑戦として楽しめるようになります。障害に遭遇すると「今回はどんな学びがあるだろう」とワクワクするようになるということです。

この段階に達すると、イノベーターは大胆に、そして創造的に行動できるようになります。どんどんアイデアを試し、予想外の結果からも価値を見出すことができるようになります。イノベーションのプロセスは加速することでしょう。

イノベーションの旅に終わりはありません。新しい製品やサービスが市場に出た後も、さらなる改善や次のイノベーションに向けた歩みが待っています。しかし、コンパッションを習慣化し、苦しさを楽しめるようになったイノベーターにとって、それはもはや恐れるべきものではありません。

コンパッションで立て直しながら前に進むことは、単なるサバイバル戦略ではなく、イノベーションそのものを楽しみ、成長を実感できる、充実した旅へと変貌させます。

コンパッションを中心に据えたアプローチは、その過程に関わる人々の成長と幸福にも寄与します。

参考文献

第1章

1. Mascareno, J., Rietzschel, E. F., and Wisse, B. (2021). Ambidextrous leadership: Opening and closing leader behaviours to facilitate idea generation, idea promotion and idea realization. European Journal of Work and Organizational Psychology, 30(4), 530-540.

2. Skerlavaj, M., Cerne, M., and Dysvik, A. (2014). I get by with a little help from my supervisor: Creative-idea generation, idea implementation, and perceived supervisor support. The Leadership Quarterly, 25(5), 987-1000.

3. Zhang, G., Chan, A., Zhong, J., & Yu, X. (2016). Creativity and social alienation: The costs of being creative. The International Journal of Human Resource Management, 27(12), 1252-1276.

4. Breidenthal, A. P., Liu, D., Bai, Y., and Mao, Y. (2020). The dark side of creativity: Coworker envy and ostracism as a response to employee creativity. Organizational Behavior and Human Decision Processes, 161, 242-254.

5. Berg, J. M. (2016). Balancing on the creative highwire: Forecasting the success of novel ideas in organizations. Administrative Science Quarterly, 61(3), 433-468.

6. Brykman, K. M., & Raver, J. L. (2023). Persuading managers to enact ideas in organizations: The role of voice message quality, peer endorsement, and peer opposition. Journal of Organizational Behavior, 44(5), 802-817.

7. Sijbom, R. B. L., Janssen, O., and Van Yperen, N. W. (2016). Leaders' achievement goals and their integrative management of creative ideas voiced by subordinates or superiors. European Journal of Social Psychology, 46(6), 732-745.

8. Ng, T. W. H., Shao, Y., Koopmann, J., Wang, M., Hsu, D. Y., and Yim, F. H. K. (2022). The effects of idea rejection on creative self-efficacy and idea generation: Intention to remain and perceived innovation importance as moderators. Journal of Organizational Behavior, 43(1), 146-163.

9. Rosing, K., Bledow, R., Frese, M., Baytalskaya, N., Johnson Lascano, J., and Farr, J. L. (2018). The temporal pattern of creativity and implementation in teams. Journal of Occupational and Organizational Psychology, 91(4), 798-822.

10. Huo, W., Yi, H., Men, C., Luo, J., Li, X., and Tam, K. L. (2017). Territoriality, motivational climate, and idea implementation: We reap what we sow. Social Behavior and Personality: An International Journal, 45(11), 1919-1932.

11. Lin, B., Mainemelis, C., and Kark, R. (2016). Leaders' responses to creative deviance: Differential effects on subsequent creative deviance and creative performance. The Leadership Quarterly, 27(4), 537-556.

12. Qu, X., and Liu, X. (2021). How Can Creative Ideas Be Implemented? The Roles of Leader Performance-Prove Goal Orientation and Boundary-Spanning Strategy. Creativity Research Journal, 33(4), 411-423.

13. Baer, M. (2012). Putting creativity to work: The implementation of creative ideas in organizations. Academy of Management Journal, 55(5), 1102-1119.

14. Chung, G. H., Choi, J. N., and Du, J. (2017). Tired of innovations? Learned helplessness and fatigue in the context of continuous streams of innovation implementation. Journal of Organizational Behavior, 38(7), 1130-1148.

15. Levitt, B., and March, J. (1988). Organizational learning. Annual Review of Sociology, 14, 319-338.

第2章

1. Mascaro, J. S., Florian, M. P., Ash, M. J., Palmer, P. K., Frazier, T., Condon, P., and Raison, C. (2020). Ways of Knowing Compassion: How Do We Come to Know, Understand, and Measure Compassion When We See It? Frontiers in Psychology, 11, 547241.

2. Neff, K. D. (2003). Self-compassion: An alternative conceptualization of a healthy attitude toward oneself. Self and Identity, 2(2), 85-101.

3. Raes, F., Pommier, E., Neff, K. D., and Van Gucht, D. (2011). Construction and factorial validation of a short form of the Self-Compassion Scale. Clinical Psychology & Psychotherapy, 18(3), 250-255.

4. Neff, K. D., and Pommier, E. (2013). The relationship between self-compassion and other-focused concern among college undergraduates, community adults, and practicing meditators. Self and Identity, 12(2), 160-176.

5. Klimecki, O. M., Leiberg, S., Ricard, M., and Singer, T. (2014). Differential pattern of functional brain plasticity after compassion and empathy training. Social Cognitive and Affective Neuroscience, 9(6), 873-879.

6. Neff, K. D., and Vonk, R. (2009). Self-compassion versus global self-esteem: Two different ways of relating to oneself. Journal of Personality, 77(1), 23-50.

7. Edmondson, A. (1999). Psychological safety and learning behavior in work teams. Administrative Science Quarterly, 44, 350-383.

8. Neff, K. D., Rude, S. S., and Kirkpatrick, K. L. (2007). An examination of self-compassion in relation to positive psychological functioning and personality traits. Journal of Research in Personality, 41(4), 908-916.

9. MacBeth, A., and Gumley, A. (2012). Exploring compassion: A meta-analysis of the association between self-compassion and psychopathology. Clinical Psychology Review, 32(6), 545-552.

10. Zessin, U., Dickhauser, O., and Garbade, S. (2015). The relationship between self-compassion and well-being: A meta-analysis. Applied Psychology: Health and Well-Being, 7(3), 340-364.

11. Neff, K. D., Pisitsungkagarn, K., and Hsieh, Y.-P. (2008). Self-compassion and self-construal in the United States, Thailand, and Taiwan. Journal of Cross-Cultural Psychology, 39(3), 267-285.

12. Leary, M. R., Tate, E. B., Adams, C. E., Batts Allen, A., and Hancock, J. (2007). Self-compassion and reactions to unpleasant self-relevant events: The implications of treating oneself kindly. Journal of Personality and Social Psychology, 92(5), 887-904.

13. Breines, J. G., and Chen, S. (2012). Self-compassion increases self-improvement motivation. Personality and social psychology bulletin, 38(9), 1133-1143.

14. Stutts, L. A., Leary, M. R., Zeveney, A. S., and Hufnagle, A. S. (2018). A longitudinal analysis of the relationship between self-compassion and the psychological effects of perceived stress. Self and Identity, 17(6), 609-626.

15. Yip, V. T., and Tong MW, E. (2021). Self-compassion and attention: Self-compassion facilitates disengagement from negative stimuli. The Journal of Positive Psychology, 16(5), 593-609.

16. Luo, X., Qiao, L., and Che, X. (2018). Self-compassion modulates heart rate variability and negative affect to experimentally induced stress. Mindfulness, 9, 1522-1528.

17. Lim, D., and DeSteno, D. (2023). Guilt underlies compassion among those who have suffered adversity. Emotion, 23(3), 613-621.

第4章

1. Lilius, J. M., Worline, M. C., Maitlis, S., Kanov, J., Dutton, J. E., and Frost, P. (2008). The contours and consequences of compassion at work. Journal of Organizational Behavior, 29(2), 193-218.

2. Neff, K. D. (2003). The development and validation of a scale to measure self-compassion. Self and identity, 2(3), 223-250.

3. Neff, K. D., Kirkpatrick, K. L., and Rude, S. S. (2007). Self-compassion and adaptive psychological functioning. Journal of research in personality, 41(1), 139-154.

4. Fredrickson, B. L., Cohn, M. A., Coffey, K. A., Pek, J., and Finkel, S. M. (2008). Open hearts build lives: Positive emotions, induced through loving-kindness meditation, build consequential personal resources. Journal of Personality and Social Psychology, 95(5), 1045-1062.

5. Neff, K. D., and Germer, C. K. (2013). A pilot study and randomized controlled trial of the mindful self-compassion program. Journal of Clinical Psychology, 69(1), 28-44.

6. Weng, H. Y., Fox, A. S., Shackman, A. J., Stodola, D. E., Caldwell, J. Z. K., Olson, M. C., Rogers, G. M., and Davidson, R. J. (2013). Compassion training alters altruism and neural responses to suffering. Psychological Science, 24(7), 1171-1180.

7. Jazaieri, H., Jinpa, G. T., McGonigal, K., Rosenberg, E. L., Finkelstein, J., Simon-Thomas, E., Cullen, M., Doty, J. R., Gross, J. J., and Goldin, P. R. (2013). Enhancing compassion: A randomized controlled trial of a compassion cultivation training program. Journal of Happiness Studies, 14(4), 1113-1126.

8. Miyagawa, Y., Uchida, Y., and Kawamoto, T. (2024). Psychometric validation of the Japanese version of the Compassion Scale (CS-J). Mindfulness, 12(3), 458-470.

おわりに

「コンパッションがイノベーションを実現する」――この一見、不思議な組み合わせに、驚いた人も多いのではないでしょうか。

本書は「コンパッション」をテーマにした本を書こうというところから始まりました。どうすれば、この考え方を多くの人に有益な形で伝えることができるか。その答えを探る中で、編集者の吉田さんとの対話がきっかけとなり、「イノベーション」という文脈でコンパッションを取り上げることになりました。

これは、私自身にとっても発見でした。コンパッションをビジネスの現場で活用できる手段として捉え直すことができたのです。そして、イノベーションの過程を人間的な視点で見直す中で、多くの気づきがありました。

例えば、イノベーションの失敗の中には、技術的な問題ではなく、人間関係や心理的な要因によるものが少なくないこと。アイデアが組織で受け入れられない理由や、プロジェクトが途中で停滞する原因、そして何より、イノベーター自身が直面する葛藤。これらの問題に対して、コンパッションが有効なアプローチとなることが見えてきました。

「イノベーションに思いやりなんて必要ない。重要なのは強さだ」と考える人もいるかもしれません。確かに、イノベーションを成功させるには、困難に立ち向かう不屈の精神が必要です。

とはいえ、その強さはどこから湧いてくるのでしょうか。コンパッションは、強さを生み出す源泉となります。

本書では、コンパッションの三つの要素（セルフ・カインドネス、コモン・ヒューマニティ、マインドフルネス）がどのようにイノベーションプロセスを支えるかを説明しました。

例えば、セルフ・カインドネスは、失敗を恐れず、挑戦し続ける勇気を引き出してくれます。イノベーションの道のりには、失敗がつきものです。失敗を学びの機会として捉えることができれば、何度でも立ち上がり、挑戦を貫くことができます。

コモン・ヒューマニティは、困難な経験を普遍的なものとして捉えます。「自分だけが苦しんでいる」と感じることは、イノベーターを孤独に追い込みます。困難や挫折が誰にでもあると理解できれば、周囲に支援を求めやすくなり、協力関係を築くことができます。マインドフルネスは、冷静に状況を観察し、適切な判断を下す助けとなります。イノベーションの過程では、予期せぬ問題や批判にさらされることがよくあります。そんな時、感情に流されずに情勢を見極める力が求められます。

興味深いことに、コンパッションは実践次第で高められます。本書では、「二つの椅子」を使った対話法や、優しい友人からの声がけを想像する方法などを紹介しました。

ここで強調したいのは、コンパッションを高める方法を、ぜひ試していただきたいということです。本を読んで知識を得るだけでなく、行動に移してみてください。

実践を通じて、コンパッションがイノベーションにもたらす効果を体験していただければと思います。最初は気恥ずかしく感じるかもしれませんが、続けることで、自分自身や周囲との関係に変化が生まれ、イノベーションに取り組む姿勢が変わっていくでしょう。

私自身、本書ほど自分で実践することを意識した本はありません。

もちろん、過去の著書でも実践的な内容を心がけてきましたが、今回のテーマである「コンパッション」は、まさに日常業務の中で実践できるものです。執筆中に行き詰まった時にも、自分に優しく語りかけることで前に進む力を得られました。

本書の完成までには、編集者の吉田さんをはじめ、多くの方々のサポートがありました。そして、本書の原稿を読み、貴重なフィードバックをくれた株式会社ビジネスリサーチラボのメンバーに感謝します。

本書を通じて、読者の皆さんにイノベーションに対する新たな視点を提供できたならば幸甚です。

コンパッションだけでイノベーションが実現できるわけではありませんが、従来のイノベーションの考え方にこの人間的な要素を加えることで、より前に進みやすくなるのではないでしょうか。

アイデアを思いついた時、それを実現しようとして壁にぶつかった時、逆境や困難に遭遇した時。そんな時に、本書を思い出し、自分自身や周囲の人々に対する思いやりの心を持つことで、次の一歩を踏み出す進むきっかけになれば嬉しく思います。

イノベーションの道のりは平坦ではありません。しかし、コンパッションという新たな武器を手に、皆さんがその厳しい道を切り抜け、イノベーションを実現されることを願っています。

2024年10月

株式会社ビジネスリサーチラボ　代表取締役　伊達　洋駆

【著者紹介】

伊達洋駆（だて・ようく）

株式会社ビジネスリサーチラボ 代表取締役
神戸大学大学院経営学研究科 博士前期課程修了 修士（経営学）
2009年にLLPビジネスリサーチラボ、2011年に株式会社ビジネスリサーチラボを創業。以降、組織・人事領域を中心に、民間企業を対象にした調査・コンサルティング事業を展開。研究知と実践知の両方を活用した「アカデミックリサーチ」をコンセプトに、組織サーベイや人事データ分析のサービスを提供している。著作に『人と組織の行動科学』（すばる舎）などがある。

BookDesign：山田知子（チコルズ）
DTP：朝日メディアインターナショナル
校正：鷗来堂

イノベーションを生み出すチームの作り方
成功するリーダーが「コンパッション」を取り入れる理由

2024年11月26日　第1刷発行

著　者——伊達洋駆
発行者——徳留慶太郎
発行所——株式会社すばる舎
〒170-0013 東京都豊島区東池袋3-9-7 東池袋織本ビル
TEL　03-3981-8651（代表）03-3981-0767（営業部直通）
FAX　03-3981-8638
URL　https://www.subarusya.jp/
印　刷——株式会社シナノ

ISBN978-4-7991-1276-2